Sarah Zöllner

Alleinerziehend - und nun?

Sarah Zöllner

Alleinerziehend
- und nun?

Texte der Stärkung bei Trennung
und Verlust

mutter-und-sohn.blog

Disclaimer

Dieses Buch ist nach bestem Wissen und Gewissen erarbeitet worden. Alle Angaben sind ohne Gewähr. Die Autorin haftet nicht für eventuelle Nachteile oder Schäden, die aus den im Buch gegebenen Hinweisen und Tipps entstanden sind. Dieses Buch kann keine ärztliche oder therapeutische Begleitung ersetzen.

Hinweis

Dieses Buch ist aus meiner Sicht – aus der Perspektive einer Frau – geschrieben. Natürlich richten sich die darin enthaltenen Tipps auch an allein- oder getrennterziehende Väter. Aus Gründen der besseren Lesbarkeit habe ich teilweise auf Genderneutralität verzichtet.

Lektorat: Leena vom Hofe (textontarget.de) und Alexander Zanabili

Buchcover (Foto): Sofia Wagner Fotografie

Bibliografische Information der Deutschen Nationalbibliothek
Die Deutsche Nationalbibliothek verzeichnet dieses Publikation in der Deutschen Nationalbibliografie; detaillierte bibliografische Daten sind im Internet über http://dnb.dnb.de abrufbar.

Herstellung und Verlag: BoD – Books on Demand, Norderstedt
ISBN: 978-3-751-973267 (2. Auflage)

Inhaltsverzeichnis

*Das Leben ist voller Freude, wenn du dich mit ihm bewegst —
sperrig und anstrengend, wenn du dich ihm entgegen stemmst.
In diesem Sinn: tanze, lache, umarme dich selbst in traurigen
Momenten und genieße es, wenn du glücklich bist!*

Sarah Zöllner

Warum dieses Buch?

Herzlich willkommen. Vielleicht hast du dich gerade getrennt oder bist verlassen worden. Vielleicht interessiert dich aber auch einfach das Thema „Alleinerziehend sein" und du bist neugierig auf meine Gedanken. In jedem Fall freue ich mich, dass du diese Zeilen liest. Gerne möchte ich dir etwas mehr von mir erzählen.

Mein Weg zu mir

2017 trennte ich mich selbst vom Vater meines damals 1 1/2-jährigen Sohnes. Wir waren schlicht noch nicht bereit für ein gemeinsames Leben. Die Trennung brachte für mich sehr schmerzhafte Momente mit sich und erfüllte mich mit Gefühlen von Trauer und Wut. Zugleich begann mit ihr für mich jedoch ein gewaltiger Reife- und Wandlungsprozess.

Für unseren Sohn bemühten mein ehemaliger Partner und ich uns trotz gegenseitiger Verletzungen um ein von Respekt und Wertschätzung geprägtes Verhältnis. Uns dieses zu erarbeiten, bedurfte großer innerer Entwicklung – und diese hält noch immer an. Letztlich geht es dabei um die Anerkennung der eigenen Bedürfnisse sowie um den Respekt vor den Bedürfnissen des anderen, um das Vertreten des ganz individuellen 'So-Seins' und die Wertschätzung der Andersartigkeit des anderen.

Grundlegende Wandlung

Inzwischen, drei Jahre später, bin ich mir bewusst, dass ich durch die Trennung, ebenso wie durch die Verantwortung für meinen Sohn und das Zusammenleben mit ihm, eine grundlegende Wandlung durchlaufen habe: von einer jungen Frau, die vor allem mit sich selbst und ihren eigenen Anliegen beschäftigt war, hin zur Erwachsenen, die mit ihren Mitmenschen bewusst und wertschätzend in Beziehung tritt und Verantwortung für ihre Handlungen übernimmt.

Dieser Entwicklungsprozess ist meiner Meinung nach an kein Alter gebunden. Manchen gelingt die Balance zwischen eigener Identität und der Verbindung mit anderen bereits in ganz jungen Jahren, andere durchlaufen die Phasen der Annäherung an sich selbst und an andere erst an ihrem Lebensende.

Mein Blog mutter-und-sohn.blog

2018 begann ich, meine Gedanken in Form von Essays und Reflexionen auf der Seite mutter-und-sohn.blog zu veröffentlichen. Immer wieder wurde ich in diesem Zusammenhang darauf angesprochen, ob es meine Texte auch in Buchform gebe. Nun, hier sind sie. Ich erfülle mir hiermit einen eigenen Herzenswunsch und freue mich, falls du dich beim Lesen meiner Texte gestärkt und inspiriert fühlst!

Wie du dich meinen Texten näherst, bleibt dir ganz selbst überlassen. Du kannst chronologisch der von mir vorgegebenen Struktur folgen und dich wie vorgeschlagen, den Themen „Trauer", „Abschied und Neubeginn", „Ich und Du" und „Mut" widmen sowie schließlich einem Ausblick auf das, was zukünftig möglich sein kann.

Du kannst aber auch einfach bei dem Beitrag zu lesen anfangen, dessen Titel dich spontan am meisten anspricht. Mein Buch ist kein Ratgeber und ich habe nicht die Absicht, dich zu beraten oder zu einem „besseren Leben" anzuleiten. Andererseits bin ich mir sicher, dass meine Texte etwas in dir in Bewegung bringen werden, falls du dich von ihnen angesprochen und berührt fühlst.

Daher fasse ich die Kernaussagen der Essays nach den ersten drei Kapiteln auch in einer kurzen Übersicht zusammen. Wenn du magst, wähle aus diesen Sätzen diejenigen, die dich ein Stück weit begleiten sollen.

Letztlich ist dies meine Motivation für das Verfassen dieses Buches: Ich glaube fest daran, dass Achtsamkeit und Wertschätzung, die wir in die Welt bringen, zu gegenseitiger Öffnung, Vertrauen und Verbindung führen. In diesem Sinn lade ich dich ein: Lass dich berühren. Von meinen Worten, von dir selbst und von der Welt um dich herum!

Herzlich

Sarah Zöllner

– TRAUER –

Schneckentanz: Trauer und Freude nach einer Trennung

Trauer endet nicht mit dem Zustand, traurig zu sein. Und Freude beginnt nicht erst dort, wo alle Trauer überwunden ist.

Liest man über die Verarbeitung von Trennungen – oder grundsätzlich über Trauerprozesse – entsteht leicht der Eindruck, diese seien eine Abfolge von Phasen, die linear verlaufen: das Nicht-Wahrhaben-Wollen des Verlusts, anschließend Wut und Trauer darüber, schließlich das Anerkennen der Situation und die vorsichtige Neuöffnung.

Meiner Meinung nach erweckt das falsche Erwartungen. Wie oft in einer an „Zielen" orientierten Situation (ich will wieder glücklich sein, ich will die Trennung überwinden) entsteht allzu leicht Ungeduld: Wann endet denn endlich die Wut, die Trauer, wann bin ich soweit, dass ich auch innerlich loslassen kann? Oder, wenn ich bereits einmal das Gefühl von Leichtigkeit, die Möglichkeit eines Neuanfangs, gespürt habe, warum kommt dann wieder die „doofe Trauer"? Bin ich denn immer noch nicht über ihn oder sie hinweg? Habe ich nicht „richtig" getrauert, dass ich jetzt nicht endlich loslassen kann?

‚Gute' und ‚schlechte' Gefühle

Nur zu verständlich, solche Gedanken. Auch wenn sie wenig sinnvoll sind. Wir wollen die „guten Gefühle": Freude, Unternehmungslust, Neugier und Offenheit für das Leben. Und nicht Wut, Trauer, Schmerz, Erschöpfung, Abwehr, Verwirrung, Furcht, Angst und was sich sonst noch in den Tiefen unseres Selbst verbirgt.

Auch unsere Gesellschaft unterstützt nur in einem klar abgesteckten Rahmen den Ausdruck dieser ‚negativen' Gefühle. Nach dem Verlust eines Partners oder gar Kindes durch den Tod noch am ehesten, bei der Trauerfeier natürlich und auch in den Wochen danach. Da kommen Nachfragen: „Wie geht es dir?" „Kann ich dich unterstützen?", jedenfalls, wenn man gute Freunde hat.

Aber selbst in diesen Fällen reicht die Aufmerksamkeit und wirkliche Anteilnahme oft nur in die ersten Wochen und Monate hinein. Irgendwann ändern sich die Fragen: „Geht es dir schon besser?" „Was sind deine Pläne für die Zukunft?"

Das hat seine Berechtigung und kann hilfreich sein, insofern es voraussetzt, was ja stimmt: *das Leben geht weiter*. Kein Schmerz, und sei er noch so brennend, und keine Verzweiflung, selbst die tiefste Trauer, wird so bleiben, wie sie zu Beginn war.
Selbst das Bild des geliebtesten Menschen verändert sich in uns mit der Zeit, wird keinesfalls blasser, aber doch reflektierter, in dem Sinn, dass wir beginnen, uns Geschichten zu dem oder der Verlorenen zu erzählen: „Das haben wir immer so gemacht" oder „Er oder sie war oft so", „Das mochte er oder sie (nicht)".
Von der Erzählung ist es nicht weit zur Erinnerung – und die ist schon der Schritt, das Erlebte in unser Leben einzubetten. Woran wir uns – irgendwann – mit klarem Gefühl, womöglich sogar mit Freude, erinnern können, das haben wir tatsächlich „verarbeitet": es in uns aufgenommen, ohne uns darin zu verlieren.

Leben in Spiralen

Bis zu diesem Punkt, der Verarbeitung des Vergangenen und einem wirklichen Neuanfang, braucht es allerdings oft sehr viel Zeit. Viel mehr Zeit, als unsere Umwelt – und vielleicht auch wir selbst – uns zugestehen wollen.

Und die Bewegung ist meiner Erfahrung nach gerade NICHT linear. Das heißt, auf Trauer, Wut und Schmerz folgt grundsätzlich zwar schon Loslassen und Akzeptanz. Aber nicht einmalig und dann nie wieder. Jeder, der schon einmal einen Verlust zu betrauern hatte, kennt diese Situationen: Ein Lied, zufällig im Radio gehört, eine – vielleicht auch schöne – Begegnung mit einem anderen Menschen oder schlicht Momente der Müdigkeit und Erschöpfung – und plötzlich ist die ganze Trauer, Wut, oder auch Verwirrung wieder da, zu einem Zeitpunkt, an dem man glaubte, beziehungsweise sich vielleicht auch wünschte, sie längst „überwunden" zu haben.

Trauerprozesse verlaufen meiner Erfahrung nach in der Form einer Spirale: Ich kehre in gewisser Weise immer wieder zu meinen „Schmerzpunkten" zurück, aber zeitlich versetzt und durch meine neu hinzugewonnenen Erfahrungen eben nicht in derselben Intensität.

Trauer und Wut, bzw. die Aspekte, die mich beschäftigen, sind dieselben, aber mein Standpunkt verändert sich. Ich „entferne" mich also durchaus von den unmittelbaren Gefühlen, allerdings nicht, indem ich ihnen für immer und endgültig den Rücken kehre, sondern indem ich mich abwende von Schmerz und Trauer, zunächst nur für kurze Momente– um mich ihnen dann wieder zuzuwenden, aus einer anderen, im besten Fall weniger schmerzlichen, Perspektive.

Sich mit dem Leben bewegen

Dieser ganze Prozess geschieht meiner Erfahrung nach so oder so. Ich kann versuchen, ihn zu ignorieren, indem ich im unmittelbaren Gefühl stecken bleibe: diese Intensität macht meine Seele aber nur eine Weile mit. Irgendwann verhärtet sie sich, allein aus Selbstschutz, und ich werde bitter oder depressiv. Oder aber – und die Tendenz nehme ich gerade nach einer, vielleicht sogar

„gewollten", Trennung wahr: Ich will so schnell wie möglich weitergehen, will die unmittelbaren Gefühle nicht mehr spüren: „Das Leben soll wieder schön sein! Er (oder sie) soll keine Rolle mehr in meinem Leben spielen!"

Beide Arten des Umgangs mit seelischem Schmerz können meiner Meinung nach nicht funktionieren, weil das Leben schlicht nicht so gedacht ist. Schau dir die Prozesse in der Natur an: Bäume, die im Herbst ihre Blätter verlieren, im Winter kahl dastehen und im Frühjahr neue Blätter treiben – sind es dieselben Blätter wie im Vorjahr? Nein. Aber ist es ein ganz neuer Baum? Das auch nicht. Die Natur kehrt in gewisser Weise zu ihrem Ausgangspunkt zurück: im Neuen ist das Alte mit enthalten – eine Spiralbewegung eben.

In diesem Sinn: lasst uns auf Trauerwegen, nach Verlust und Trennung, „in Spiralen gehen" und anerkennen, dass gerade auch im „Frühling", um beim Bild des oben beschriebenen Baumes zu bleiben, also in den Momenten, in denen wir uns nach Wut und Trauer wieder einmal fröhlich und lebendig fühlen, – dass gerade auch da die Trauer noch weiter ihren Platz hat.

Gestärkt durch Momente der Freude kehren wir noch einmal zu ihr zurück. Lasst uns dann nicht erschrecken: „Ach du meine Güte, ich dachte, ich wäre über ihn oder sie längst hinweg". Vielmehr wünsche ich dir die echte Akzeptanz des Lebens:

Trauer endet nicht mit dem Zustand, traurig zu sein. Und Freude beginnt nicht erst dort, wo alle Trauer überwunden ist.

Klarheit, Gelassenheit, Freude: Vom Umgang mit seelischem Schmerz

Wie gehe ich damit um, wenn mich die Handlungen eines anderen Menschen sehr verletzt haben, bzw. mich sein gegenwärtiges Verhalten noch immer verletzt? In Trennungssituationen, aber natürlich nicht nur dort, bin ich häufig damit konfrontiert, dass ein mir nahestehender Mensch sich so verhält, wie ich es für mich nicht akzeptieren kann oder will.

Wie reagiere ich auf erlittene Verletzung?

Natürlich, ich kann versuchen, den anderen zu ändern, was meiner Meinung nach in etwa so vielversprechend ist, wie einer Fliege, die immer wieder gegen dieselbe Stelle einer Glasscheibe fliegt, zu raten, sich diese durchlässig zu denken. Ich bin der festen Überzeugung, dass Situationen – und auch Menschen – sich grundlegend wandeln können, aber sicher nie dann, wenn ich gerade Druck auf sie ausübe. Oder anders gesagt: Wandel geschieht, aber nicht nach meinem Fahrplan! Wie also umgehen damit, dass etwas, zumindest für den Moment, für mich unabänderlich ist? Was tun, wenn genau das so schmerzlich für mich ist, dass ich es kaum ertragen kann?

Harmonie um jeden Preis

Meiner Meinung nach kann ich an dieser Stelle versuchen, den Konflikt selbst zu verneinen, indem ich alles „in einer Harmonie-Soße ertränke", mich also verständnisvoll und akzeptierend gebe, wo ich eigentlich kein Verständnis aufzubringen vermag. Damit erreiche ich jedoch lediglich eins: oberflächlich beseitige ich die Spannung, dies aber auf Kosten meiner Bedürfnisse und Gefühle. Und diese werden sich sicher einen Weg bahnen: sei es in latent aggressiven Sticheleien oder einer diffusen Abwehr dem anderen gegenüber. *Keine gute Lösung!* Gefühle sind die Wachhunde der Seele. Sie werden umso lauter, je mehr du versuchst, sie zu ignorieren.

Umgang mit Groll und Verbitterung

Was aber, wenn die inneren Abwehrmechanismen meinen negativen Gefühlen gegenüber so stark sind, dass ich mir hartnäckig versage, sie überhaupt wahrzunehmen?

Vielleicht, weil ich als Kind der „Sonnenschein" der Familie, der vernünftige Sohn oder die pflegeleichte Tochter sein musste? Dann mag etwas in mir entstehen, das wirklich zerstörerisch in jede Form sozialen Kontakts hineinspielt: ich werde bitter. Verbitterung – oder auch Groll – ist meiner Meinung nach ein höchst wirkungsvolles und dennoch nur schwer nachweisbares Gift, das jede Lebendigkeit aus meinen Beziehungen und letztlich aus mir selbst zieht. Groll „tarnt" sich als selbstgerechte Anklage („Das tut man nicht. Das lasse ich ihm/ihr nicht durchgehen!"), als beleidigtes Jammern („Er/Sie hat mich so verletzt, wie soll ich das verzeihen?") oder als scheinbar objektives Urteil („Der Richter/das Jugendamt/Gutachter XY hat bewiesen, dass er/sie im Unrecht ist"). Allen drei Schutzstrategien – denn nichts anderes sind Anklage, Jammern und emotionale Distanzierung – dienen letztlich einem Zweck: nicht zu fühlen, was unterhalb des Grolls zu finden ist, nämlich höchst lebendige Trauer, Wut, Verletzung – und, noch eine „Schicht" tiefer, ein reiner, im wahren Sinne lebensvoller, Wunsch nach liebevoller Verbindung.

Wem ich grolle, dem kann ich nicht verzeihen. Das ist meiner Meinung nach ein Missverständnis mancher Ratgeber: demjenigen, der oder die mich verletzt hat, zu vergeben, ist sicher sinnvoll und der Weg, wie ich ihn oder sie loslassen und einen echten Neuanfang versuchen kann. Vor der Vergebung steht jedoch, dass ich *verdaut* habe, was als Verletzung in mir ist. Ich muss Gefühle der Trauer, Wut oder Enttäuschung wahrnehmen und ihnen, z.B. im Gespräch mit einem Therapeuten oder einer Therapeutin, in Form von Tränen oder als Tagebucheintrag, Ausdruck verleihen, um mit dem in Berührung zu kommen, was dahinter steht: eine grundlegende Sehnsucht nach Anerkennung, Liebe und Verbindung.

Der Weg, mit seelischen Verletzungen umzugehen kann nicht sein, die Verletzung selbst zu verneinen („Schwamm drüber") oder sich den Zugang zu den verletzten Gefühlen zu verbieten (Groll und Bitterkeit). Es muss der Weg sein, zu leben, was an Trauer, Wut, Schmerz und Enttäuschung da ist, um dann vielleicht zu der ursprünglichen Sehnsucht zurückzufinden: zu echter Verbindung, zu Austausch und Liebe, bzw. Loslassen und Verzeihen.

Der Schmerz ist Teil des Weges.
Der Schmerz ist nicht der letzte Teil des Weges.

Ein klares Ja! Wie lerne ich mir – und anderen – (wieder) zu vertrauen?

Als Erwachsene haben wir oft „verlernt", bzw. uns abgewöhnt, „blind" zu vertrauen. Wir mögen durchaus offen auf andere Menschen zugehen, aber kaum einer würde einen Fremden sofort zu sich einladen, ihm seine Kreditkarte leihen oder das eigene Kind anvertrauen. Wir haben im Verlauf unseres Lebens eine durchaus sinnvolle Haltung entwickelt, dass ein Grundmaß an Vertrauen sinnvoll und für zwischenmenschliches Zusammensein unumgänglich ist, wir aber durchaus auch prüfen sollten, wem wir unser Vertrauen schenken. Nicht jeder, der uns in unserem Leben begegnet, hat auch die Absicht oder ist in der Lage, unserem Vertrauen gerecht zu werden. Und ich denke, es ist sinnvoll, dass wir klar unserer Intuition vertrauen. Erfüllt mich in Bezug auf eine Sache oder einen Menschen ein komisches Gefühl, sollte ich dieses meiner Meinung nach immer ernst nehmen. Zeigt es mir doch, dass für mich an dieser Stelle etwas nicht ganz stimmig ist. Worum es sich dabei handelt, sollte ich klären, um auch nach außen wieder klar sein zu können.

Kann ich meinem Gefühl vertrauen?

Tatsächlich nehme ich den Ansatz, meiner Intuition zu folgen, jedoch als schmalen Grat wahr. Einerseits sind die Signale, die mir mein Gefühl sendet, berechtigt: auch einem objektiv vertrauenswürdigen Menschen sollte ich mich nur in dem Maß und Tempo öffnen, wie es für mich stimmig ist, alles andere würde zu meiner Überforderung und anschließendem Rückzug führen. Andererseits haben wir alle innerhalb unseres Lebens, und gerade auch, wenn wir uns z.B. von unseren Lebenspartnern getrennt haben, die Erfahrung machen müssen, dass einmal gegebenes Vertrauen eben auch enttäuscht werden kann. Oder gar, dass wir uns selbst nicht mehr wirklich trauen: kann ich mich auf meine Gefühle der Abwehr wie der Anziehung noch verlassen, oder sind sie wie ein Wachhund, der anschlägt, weil er seinen eigenen Schatten sieht?

Grenzen des Vertrauens

Ich möchte hier neben Situationen, in denen ich in der Lage bin, aus vollem Herzen zu vertrauen, auch solche ansprechen, in denen ich meinem Gegenüber (scheinbar) grundlos misstrauisch begegne.

Was bringt mich dazu, mein Kind nur „mit schlechtem Gefühl" bei der Betreuerin abzugeben? Warum frage ich meinen Partner, ob er es mit seinen Gefühlen ernst meint? Wieso halte ich auf der Straße meine Tasche fest, wenn mich ein Mensch mit abgerissener Kleidung anspricht?
Das sind nur Beispiele für ein, vielleicht berechtigtes, vielleicht aber auch überzogenes, Misstrauen, das mich in diesem Moment erfüllt. Dahinter steht das Gefühl, ich müsse mich schützen. Und der einzige Weg, Schutz zu finden, sei der, die „Türen zu mir" zu verrammeln. Dann sage ich „Nein", „Stopp" und beginne manchmal auch zu rationalisieren, „gute Gründe" für das zu finden, was eigentlich nur ein diffuses Gefühl ist: *Ich vertraue dir nicht!*

Ich finde, es ist einen Blick wert, nachzusehen – und nachzuspüren – warum ich an dieser Stelle nicht vertraue. Überfordert mich etwas im Verhalten der Person oder an der Situation? Bräuchte ich schlicht mehr Zeit oder mehr positive Erfahrungen mit diesem Menschen, um mich zu öffnen? Habe ich in ähnlicher Situation bereits einmal schlechte Erfahrungen gemacht, z.B. als Kind, und daher verinnerlicht: hier ist Vertrauen gefährlich? Bin ich vielleicht überhaupt ein Mensch, der sich behutsam an die eigenen Grenzen und die seiner Mitmenschen herantasten muss, um sich nicht „überrannt" zu fühlen?

Welche Persönlichkeit habe ich?

Bereits Kinder unterscheiden sich darin, wie offen oder zurück-
haltend sie auf andere zugehen. Schon Zweijährige lassen sich bereitwillig berühren und z.B. auch von weniger vertrauten Menschen auf den Arm nehmen, *oder eben nicht.*
Die Bereitschaft sich anderen Menschen gegenüber zu öffnen ist
meiner Meinung nach in jedem Menschen angelegt. Anders könnte ich als kleines Kind gar nicht überleben. Aber in welchem Maß
ich mich öffne, wie vielen Menschen und in welcher Geschwindigkeit, scheint schon bei kleinen Kindern Teil ihrer Persönlichkeit zu sein.

Habe ich dann als kleiner Mensch vielleicht ein paar Mal zu oft
gehört: „Jetzt stell dich nicht so an!" oder – subtiler – „Wie schön,
dass du so unkompliziert bist!", verinnerliche ich statt echtem
Vertrauen in mich selbst und in andere vielleicht eher: *wenn ich
meine Grenzen nicht wahre, erhalte ich Zuneigung.* Und später, wenn
ich diese Grenzen dann wahren kann, schlägt mein Gefühl um
und ich kämpfe (nachträglich und natürlich vergeblich) gegen die
Grenzüberschreiter meiner Kindheit, indem ich als erwachsener
Mensch jeden, der mir gefühlt „zu nahe" kommt, hinter meine
Mauern verweise.

Vertrauen kommt von Zutrauen

Ich muss mir selbst vertrauen, mir zutrauen, meine (inneren)
Grenzen wahren zu können. Ich muss fühlen, dass ich rechtzeitig
„Nein" sagen, einen Richtungswechsel bewirken, die Situation, in
der ich mich befinde, mit gestalten kann, um wirklich JA sagen
und echtes Vertrauen schenken zu können.
Dieses „Nachbemuttern" oder „Nachbevatern" meiner selbst ist
oft ein langwieriger Prozess und ich sollte es mir wert sein, mir
dabei auch therapeutische Hilfe zu suchen, wenn ich merke, ich
komme alleine nicht weiter. Vertrauen in mich selbst, in die mir

Nächsten und in die Welt ist sozusagen der „Humus" meines Lebens, das, was es reich und lebendig macht. Warum sollte ich mir diesen Nährstoff vorenthalten und in der Dürre beständigen Misstrauens vor mich hinvegetieren?

Ich glaube, viele Menschen leben mit diesem Schmerz eines früh enttäuschten Vertrauens. Ich sehe es als Aufgabe meines Menschseins an, dieses Vertrauen in mir wieder zu finden und zu nähren. So, dass ich auch als Mutter oder Vater meinem Kind sagen kann: „So geht das: so setzt du gesunde Grenzen!" und: „So geht das: so vertraust du in die Welt."

Die Welt ist gut, sie ist freudvoll und sehr viel ist möglich, wenn du nicht von Angst, sondern von Vertrauen geleitet wirst. So zu denken und zu fühlen ist nicht naiv. Es ist kraftvoll und letztlich von tiefer Weisheit erfüllt. Kein Kind würde sein Leben beginnen ohne dieses erste tiefe Vertrauen. Also lasst uns aufhören, unseren Kindern einzureden, sie seien zu vertrauensselig. Lasst uns eher auf unsere Kleinsten hören und dieses Vertrauen auch wieder in uns nähren: *ein klares JA zum Leben, zu unseren Mitmenschen und zur Welt!*

Wo Wildblumen wachsen: Vom Umgang mit Verlust

Steve Rahmn[1] hatte ein Haus. Eine Garage, einen Vorplatz mit Gartenzaun, Kleiderschränke, Küchenregale, Schlafzimmer, ein Bad – bis zur Nacht vom 9. auf den 10. Oktober 2017, als ein Flächenbrand in Kalifornien innerhalb weniger Stunden all das zerstörte. Jetzt wachsen dort, wo einmal sein Haus war, Wildblumen.

Rahmn selbst plant, an dieselbe Stelle ein neues Haus zu bauen, mit Geld, das die Versicherung ihm nach dem Brand gezahlt hat. Er spricht von Gemeinschaftssinn, den das Feuer geweckt habe: mit anderen Anwohnern hat er eine Organisation gegründet, an die sich Betroffene wenden können, wenn sie beim Umgang mit Versicherungen oder Behörden Hilfe brauchen. Rahmn spricht auch davon, dass er den ganzen „stuff", den er über die Jahre angesammelt habe, eigentlich nicht brauche. Auf einem Foto steht er mit Frau und dreijährigem Sohn vor seinem Grundstück: hinter ihm Brachland, aber er wirkt eher entschlossen als verzweifelt.

Wie gehen wir mit Verlust um?

Hab und Gut, unser Zuhause, das ist das Eine. Uns nahe stehende Menschen zu verlieren, ist noch einmal etwas anderes. Aber letztlich bleibt die Frage: hadern wir und klagen, oder nehmen wir den Verlust an wie Rahmn das Feuer, das ihm und seiner Familie (materiell) fast alles genommen hat – und ihm zugleich einen echten Neuanfang ermöglicht? Eine Brache ist auch der Ort, wo Wildblumen wachsen können. Wo ich Schmerz und Verlust wahrnehme, ist immer auch die Möglichkeit, dass Neues entsteht.

Rahmn geht seinen Neuanfang scheinbar hemdsärmelig an. Aber ausschlaggebend war für ihn, dass er, wie er sagt, nach dem

---

1   Vgl. Guido Mingels: „Wenn ein Brand die Existenz vernichtet", Spiegel.de (24.08.2018).

Brand in den Trümmern seines Hauses eine Gürtelschnalle seines Vaters wiederfand. Zumindest dieser Teil seiner Vergangenheit war nicht ausgelöscht. Wie er sagt, wusste er erst da, dass er sein Haus wieder aufbauen wollte.

Blick voraus – und zurück

Ich bin der Meinung, dass wir nicht wirklich weiter kommen ohne die Verbindung zu unserer Vergangenheit und zu unseren Wurzeln zu suchen. Wollen wir, nach einer Trennung oder einem Todesfall, den Schmerz „eindämmen", indem wir kompromisslos alles Vergangene hinter uns lassen, kann genau das uns daran hindern, unseren Verlust zu bewältigen. Wie Rahmn nach etwas noch Bestehendem suchte, müssen auch wir nach Dingen suchen, die weiter Bestand haben. Jeder Verlust geht mit Zerstörung einher (manchmal ganz praktisch in Form einer Aufteilung gemeinsamen Besitzes, manchmal als Verlust gewohnter Strukturen und gemeinsamer Hoffnungen und Ziele), aber wirklich *alles* kann gar nicht zerstört werden. Unsere Aufgabe ist es, Rahmns „Gürtelschnalle" zu finden, das Teil, das uns die Hoffnung zurückgibt und uns weitermachen lässt.

Ist das nicht der Sinn des Lebens: es geht weiter und nichts geht je wirklich verloren – auch wenn wir lernen müssen, dem Verlust selbst immer wieder ins Auge zu sehen?

– ABSCHIED UND NEUBEGINN –

Familienwerte: Was „Familie sein" nach einer Trennung bedeutet

Ein-Eltern-Familie, *Patchwork*, getrennt erziehend mit Kind: eine Trennung bringt immer auch die Notwendigkeit mit sich, neue Formen des Familie-Seins zu definieren und zu leben.

Mich interessiert, wie ich überhaupt zu dem (inneren) Konzept einer Familie komme; was also ist *mein ganz persönliches Idealbild des Familienlebens* und wovon muss ich mich nach einer Trennung gegebenenfalls verabschieden, beziehungsweise was muss ich überdenken und neu justieren?

Was ist „Familie" für mich?

Familie, ist das für mich das „klassische" Papa-Mama-zwei Kinder-Modell, möglicherweise mit dem Vater als berufstätigem Ernährer, während die Mutter die Fürsorge für die Kinder übernimmt? Oder war es bereits in meiner Kindheit das Erleben getrennt lebender Eltern mit neuen Partnerinnen und Partnern, „zugeheirateten" Geschwistern und zahlreichen Großelternpaaren, die mir näher oder ferner standen? Oder aber das Zusammenleben mit „Wahlverwandten", mit Freunden, Patenonkeln oder -tanten, Erziehern oder Lehrern, die eine wichtige Rolle in meiner Entwicklung spielten?

Was mich geprägt hat, präge ich

Erlebte ich Familie als Kind als etwas „Unumstößliches", ein in sich geschlossenes, nicht zu hinterfragendes System, oder machte ich schon damals die Erfahrung, dass Beziehungen beginnen, aber auch enden können und dass dabei eine neue Ordnung – oder eben zusätzliches Chaos – entstehen kann?

Das alles prägt, wie ich selbst Familie lebe, wonach ich mich sehne, was ich zu vermeiden, aber auch zu erhalten versuche. Möchte ich meinem Kind eine Trennung um jeden Preis ersparen, weil ich die Trennung meiner eigenen Eltern als so schmerzlich erlebt habe?

Oder vollziehe ich umgekehrt den Schritt zur Trennung, weil ich mein Kind nicht zwischen sich bekriegenden Eltern aufwachsen lassen möchte? Eine sehr innige, symbiotische oder auch abhängige, Beziehung meiner Eltern kann dazu führen, dass ich mir schwöre mich gerade nicht von meinem Partner oder meiner Partnerin abhängig zu machen, oder dass ich andererseits die Symbiose suche und im Fall einer sich abzeichnenden Trennung in Panik gerate, da ich mir nicht vorstellen kann, ohne meinen Partner oder meine Partnerin zu leben.

Der Blick zurück bringt für die Gegenwart Klarheit

Der Blick auf meine Herkunftsfamilie kann sehr hilfreich sein. Oft leben ja gerade Geschwister die „Pole" der Elternbeziehung nach: da führt der Bruder die langjährige enge Beziehung, gegen die sich die Schwester regelrecht zu wehren scheint. Da ist „Familie" für die einen der Ort, der unantastbar bleiben soll, an dem z.B. die Beziehung der Eltern nicht hinterfragt werden soll, oder aber sie ist der Ort der heftigsten Konflikte sowie, im positiven Sinn, der intensivsten Auseinandersetzung mit sich selbst und den „anderen", die einem am nächsten stehen.

Bin ich streitlustig oder eher konfliktscheu, gehe ich bereitwillig auf Unbekanntes zu oder möchte ich eher das Bestehende bewahren – das alles hat oft seinen Ursprung in den Erfahrungen, die ich in meiner Herkunftsfamilie gemacht habe.

Dementsprechend lohnen sich, sowohl während einer Trennung, als auch im Rahmen einer (noch) intakten Beziehung sicherlich die folgenden Fragen:

- *Wie haben meine Eltern ihre Beziehung gelebt und was davon erscheint mir erstrebenswert, bzw. was versuche ich zu vermeiden?*
- *Wie sind meine Eltern mit mir als Kind umgegangen und was davon finde ich in meinem Umgang mit meinem eigenen Kind, bzw. meinen Kindern, wieder?*
- *Was haben meine Eltern an mir kritisiert und was kritisiere ich an meinen Kindern?*
- *Was an mir hat sie mit Stolz erfüllt und worauf bin ich bei meinen Kindern stolz?*
- *Waren getrennt lebende Familien und Familienkonstellationen außerhalb des Vater-Mutter-Kind-Schemas in meiner Kindheit präsent oder „gab es sowas nicht"?*
- *Wie wurde in meiner Kindheit darüber gesprochen, wenn jemand oder etwas scheiterte? Wie gehe ich selbst mit den Themen Verantwortung, Schuld und Scheitern um?*
- *Was war in den Augen meiner Eltern „schwach" und wie reagierten sie darauf? Wie gehe ich mit eigener Schwäche und der Schwäche anderer um?*
- *Wofür möchte ich meinen Eltern danken? Worin waren – und sind – sie mir ein Vorbild?*
- *Wie sollen meine Kinder meine Herkunftsfamilie erleben? Was sollen sie durch mich von ihr erfahren?*

Mit meiner Art, „Familie" zu leben schreibe ich auch die Geschichte meiner Herkunftsfamilie weiter. Egal, ob ich mich von ihr abzugrenzen versuche oder Aspekte aus ihr übernehmen möchte – ich lebe als Beziehungspartner oder -partnerin ebenso wie als Mutter oder Vater nicht im „luftleeren Raum". Was mich geprägt hat, beeinflusst meinen Blick auf die Welt und mein Verhalten weiterhin, gerade auch, wenn ich mich stark davon abzugrenzen versuche.

Mit meiner Herkunftsfamilie den Frieden zu machen und die Prägung durch sie anzuerkennen, kann mich gerade dann stärken, wenn ich Veränderungen in meiner eigenen, selbst gewählten, Familie hinnehmen muss. Egal ob bei einer Trennung, bei Konflikten innerhalb meiner noch bestehenden Partnerschaft oder mit meinen Kindern – der Blick zurück lohnt sich: für Klarheit, für ein genaueres Wahrnehmen meiner selbst und anderer, für ein besseres Verständnis dessen, wer ich war, wer ich bin – und wer ich sein möchte.

Als Paar getrennt, als Eltern verbunden: Co-Parenting als alternative Familienform

Familien leben zusammen, die Eltern trennen sich und dann haben die Erwachsenen höchstens noch miteinander zu tun, wenn es formale Dinge zu klären gibt.

Darauf einigen sich viele Paare mit Kindern nach der Trennung und für die meisten stimmt dieses Modell wohl auch. Häufig hat sich ja im Verlauf der Partnerschaft gezeigt, dass die Beziehung auf der zwischenmenschlichen Ebene nicht harmoniert und manchmal überwiegt wohl schlicht der Wunsch, mit dem anderen nach der Trennung so wenig wie möglich zu tun zu haben.

Co-Parenting als Alternative?

Ich möchte hier dennoch ein anderes Modell vorstellen: Was ist nämlich, wenn ich nach einer Trennung mit meinem Partner zwar nicht (mehr) zusammenlebe, wir auch keine Liebesbeziehung mehr führen, uns jedoch so stark als Eltern verbunden fühlen, dass wir unsere Beziehung auf dieser Ebene weiterführen wollen – und zwar über rein formale Absprachen oder gelegentlichen Austausch hinaus?

Co-Parenting ist das Elternsein auf rein freundschaftlicher Basis. In „Regenbogenfamilien", also Familien, an denen schwule oder lesbische Paare beteiligt sind, ist rein biologisch ja immer ein Dritter an der Kindszeugung beteiligt und es bleibt lediglich die Frage, wie eingebunden in das Leben des Kindes diese Person sein wird. Das kann unter lesbischen Frauen von einer anonymen Samenspende bis hin zu aktiver Vaterschaft variieren. Unter Homosexuellen von der auf die Schwangerschaft beschränkten Leihmutterschaft bis hin zum gemeinsamen Aufziehen eines Kindes zu dritt oder gar zu viert (zwei Frauen und zwei Männer, die jeweils eine gleichgeschlechtliche Beziehung führen und von denen ein Mann und eine Frau die leiblichen, ihre Partner die Co-Eltern sind).

Dass Familienmodelle, die Co-Parenting beinhalten, gelingen können, können viele „Regenbogen-Eltern" bestätigen. Dass sie grandios scheitern können, wohl auch. Kompliziert wird es jedenfalls, wenn die Ursprungskonstellation sich verändert, sich die ursprünglichen Paare trennen und die Beteiligten neue Partner finden. Erhält dann ein Kind, das Co-Eltern hat, noch weitere Co-Elternteile?

Und welche Rolle spielen diese wiederum im Familienzusammenhang? Patchwork 2.0 sozusagen… Vermutlich ist es letztlich eine Frage der Bindung zum Kind und der Bereitschaft aller Beteiligten, sich – in welcher Form auch immer – weiterhin als „Familie" zu sehen, die solche komplexen Lebensformen möglich macht.

Getrennt als Paar, als Eltern verbunden?

Lässt sich nun all dies auf getrennt lebende, aber immer noch freundschaftlich verbundene heterosexuelle Eltern übertragen? Der Unterschied zu den zuvor beschriebenen Modellen besteht ja vor allem darin, dass ein ursprünglich konventionelles Modell (Vater-Mutter-Kind/er) erst nach der Trennung in gewisser Weise „unkonventionell" wird, indem nämlich nach einer neuen Form des miteinander Familie Lebens gesucht wird, eben, ohne als Eltern durch eine Liebesbeziehung verbunden zu sein.

Nun könnte man sagen, dass diese Konstellation seit jeher in Dutzenden äußerlich traditionellen Familien an der Tagesordnung ist. Die Paarbeziehung ist mehr oder weniger erkaltet, man bleibt „wegen der Kinder" zusammen, lebt die Paarebene gegebenenfalls in Form von Affären oder Nebenbeziehungen außerhalb der offiziellen Ehe und im besten Fall ist man freundschaftlich verbunden und eben nur noch äußerlich ein Paar.

Im Grunde würde das bewusste „Co-Parenting" nach einer Trennung dann lediglich bedeuten, dass die Trennung auf der Paarebene auch offiziell vollzogen, die Elternebene aber bewusst als Verbindung der Eltern untereinander geschätzt – und gepflegt – wird.

Wie kann so etwas aussehen?

Im Alltag kann diese „Beziehungspflege" als Eltern darin bestehen, sich nicht nur regelmäßig und über formale Absprachen hinaus über das gemeinsame Kind auszutauschen, sondern bewusst auch mit dem Kind, bzw. den Kindern, als Familie gemeinsam Zeit zu verbringen, z.B. in Form von Ausflügen oder sonstigen Unternehmungen im Alltag.

Klar muss beiden Elternteilen sein, dass die Paarbeziehung endgültig beendet ist. Und natürlich ist auch hier die Frage, wie „stabil" dieses Modell ist, vor allem, wenn sich eines der beiden Elternteile oder gar beide neu binden. Besteht dann seitens der neuen Partner Eifersucht auf die noch immer enge Beziehung der Eltern? Oder behindert die Co-Parenting-Beziehung sogar den Aufbau einer engen Bindung an einen neuen Partner oder eine neue Partnerin?

Klar dürfte sein, dass diese Form der Elternschaft einen komplexen Prozess der Neuorientierung fordert. Die zuvor bestehende Liebesbeziehung zwischen den Eltern muss erst endgültig (auch innerlich) abgeschlossen und ihr Verlust betrauert worden sein, bevor der Weg zu einer auf Freundschaft basierenden Elternschaft möglich ist. Das „Freunde sein" darf von keinem der Beteiligten als minderwertiger Ersatz für eine Partnerschaft angesehen werden, sondern als echte, von beiden erwünschte, Alternative.

„Als Paar getrennt, als Eltern zusammen"[2], lässt sich diese Form des Familienlebens umschreiben. Wie kann sie gelingen? Grundlage mögen die folgenden Denkanstöße bieten.

5 Aspekte gelingender Co-Elternschaft

- *Lerne, (wieder) konstruktiv und respektvoll mit deinem Ex-Partner zu kommunizieren*
- *Sei klar und verbindlich, was Absprachen und finanzielle Regelungen angeht*
- *Es gibt nicht den einen, „richtigen" Weg, um diese Form des Familie seins zu leben. Sei kreativ darin, Lösungen zu finden, die wirklich für dich und deine Kinder passen und nicht solche, die dir aufgrund von Konventionen erwünscht erscheinen.*
- *Lerne dich selbst kennen und arbeite gegebenenfalls an deinen Schwächen*
- *Sei stolz auf eure ganz eigene Art, eine Familie zu sein. Solange ihr und eure Kinder damit glücklich sind, ist es die beste für euch, völlig egal, was andere denken mögen.*

Meiner Meinung nach kann der Weg, auch nach einer Trennung gemeinsam als Eltern „Familie" zu sein, gerade dann regelrecht entlastend wirken, wenn die Paarbeziehung davor durch massive Erwartungen, wie eine im konventionellen Sinn „gute" und „richtige" Beziehung auszusehen habe, beeinflusst war.

Wir können lernen, die Großzügigkeit und Gelassenheit, die wir unseren engsten Freunden entgegenbringen, einem Menschen gegenüber zu zeigen, mit dem wir eine noch stärkere und zudem lebenslange Verbindung haben, nämlich ein gemeinsames Kind. Ob Großzügigkeit, Toleranz und Gelassenheit nicht ohnehin die beste Voraussetzung auch für eine auf Liebe basierende Partnerschaft sind, sei dahingestellt.

---

2   Vgl. Jos Willems et al.:Als Paar getrennt, als Eltern zusammen – Wie eine gemeinsame Erziehung nach der Trennung gelingt, Patmos-Verlag, 2015.

Im besten Fall bietet das Co-Parenting Eltern, die als (Liebes-) Paar gescheitert sind, die Chance, sich als „Nur-Eltern" tatsächlich liebevoll zu begegnen. Und in einer solchen Familie aufzuwachsen wünscht man eigentlich jedem Kind.

Auf der Säule. Was uns ein alter Heiliger über die Liebe sagt

Zu Beginn des 5. Jahrhunderts nach Christus lebte Symeon Stylites auf einer Säule. Der Legende nach verbrachte er mehrere Jahrzehnte auf deren Kapitell, ernährt über Leitern und seelisch ‚genährt' durch Gebete und Askese. Entfernt von der Welt, versuchte er zu einer besonders innigen Gemeinschaft mit Gott zu finden.

Die Leute sahen sicher staunend, vielleicht bewundernd oder auch ungläubig zu ihm hoch: „Dass der das durchhält!", „Der traut sich was!", „Der spinnt doch!", „Das könnte ich nicht!" Und nach einer Weile vielleicht auch: „Warum tut der das?", „Was lehrt mich das?", „Was verstehe ich durch ihn?"

Die Welt von oben

Wie mag wohl die Welt für ihn von da oben ausgesehen haben? *Stille.* Das alltägliche, geschäftige Treiben weit entfernt. Vermutlich auch karg, beschwerlich, wenn nicht gar furchterregend. Bei brennender Hitze, Sturm, Blitz und Donner exponiert und ungeschützt. Letztlich jedoch aber doch geborgen, in tiefes Gespräch, bzw. Gebet versunken mit einem Gegenüber, dem sich Symeon Stylites wohl verbundener fühlte als seinen weltlichen Kontakten.

Ich empfinde uns Allein- und Getrennterziehende manchmal, als säßen wir auf solch einer inneren Säule. Um uns pulsiert das Leben: Kinderbetreuung, Einkauf, Lohnabrechnung, Besprechungen mit Kollegen. Wir gehen auf all das ein, organisieren und gestalten unser Leben – aber ein Teil von uns bleibt „in sicherem Abstand", oben auf der Säule. Was ist das für ein Teil? Eigentlich hat jede/r, der allein- oder getrennt erziehend ist, einen Verlust erlebt. Eine Ehe ist gescheitert, eine Beziehung hat nicht harmoniert oder ist gar nicht erst zustande gekommen. Wir haben das verloren, was eine „harmonische Familie" hätte sein können.

Tut das weh? Natürlich. Spüren wir Trauer, Schmerz, Ungläubigkeit oder Wut darüber?

Aber sicher. Mehr oder weniger stark, mehr oder weniger präsent in unserem Alltagsleben ist ein Verlust da. „Kalt" lässt uns das Ende der Beziehung zum Vater oder der Mutter unseres Kindes, bzw. unserer Kinder, sicher nicht.

Raum für den Schmerz?

Leben wir nun diese Trauer, den Schmerz und die Sehnsucht, die sich mit jenem Menschen nicht mehr erfüllen kann, aus? Wann denn? Beim Pausenbrotschmieren für unsere Kleinen? Beim Kita-Elternabend? Bei der Präsentation unserer Projektarbeit? Oder beim Cocktail-Abend mit unserer besten Freundin, den wir uns nach zwei Monaten freischaufeln konnten? Allein- und getrennt erziehend zu sein heißt oft auch: wenig Raum haben für das, was in uns schmerzlich ist. Denn wir sind Halt für andere – und haben, gerade im Scheitern unserer Beziehung, vielleicht auch erlebt, dass uns selbst kein Halt gegeben worden ist, als wir schwach waren.

Wie naheliegend erscheint es da, sich mit dieser Schwäche, Trauer und Wut „auf die Säule" zu setzen und mit der Welt in Bezug auf diese Gefühle nichts mehr zu tun haben zu wollen. Dann funktionieren wir, sind vielleicht sogar scheinbar glücklich, wieder „zurück im Leben" – aber ein Teil unseres Inneren ist nicht dabei.

Mutiger Besucher

Was passiert nun, wenn einer aus der Welt dort unten über die Versorgungsleiter zu uns „hochzuklettern" versucht? Ein Mensch, der eine neue Partnerschaft mit uns eingehen möchte, der unerschrocken genug ist, uns in luftiger Höhe zu sehen, uns begegnen zu wollen?

Ist ‚Symeons Säule' der Ort, an dem wir die Schwäche in uns verstecken, erschrecken wir ganz fürchterlich und ein starker Impuls wird uns raten, den „Eindringling" so schnell wie möglich abzuweisen, bildlich gesprochen die Leiter, auf der er zu uns hochgeklettert ist, zurückzustoßen. Dann ist dieser Teil in uns zwar „geschützt" – aber er verhungert auch, da oben auf der Säule. Denn, ja, auch Symeon konnte nicht Jahrzehnte ohne Nahrung auf seinem Kapitell zubringen.

Was lehrt uns also der Blick auf den „Säulenheiligen"? Ich würde sagen, es ist das eine, dass wir uns aus Verletztheit und aus Furcht vor möglicher weiterer Verletzung auf unsere innere ‚Säule' zurückziehen. Vielleicht hat auch Symeon Stylites sich zunächst aus Furcht und Abwehr gegenüber der Welt zurückgezogen. Aber er scheint dort oben eine innere Ruhe gefunden zu haben.

Raum für den Schmerz

Vermutlich sollten wir „Symeons Säule" verstehen als den Raum, den wir uns geben, um tatsächlich traurig zu sein und uns unseren inneren Verletzungen zuzuwenden. Im Gespräch mit einem Gegenüber (einem wirklich engen Freund, einer Therapeutin oder auch im Gebet) können wir Ruhe finden, ganz auf uns zurückgeworfen, aber letztlich doch geborgen.

Und vielleicht steigen wir aus diesem Gefühl des Gestärktseins auch irgendwann, wie Symeon, wieder von unserer (inneren) Säule herunter, mit dem Bewusstsein: dort oben sind wir uns begegnet. Es war karg, beschwerlich, wenn nicht gar furchterregend.

Aber die Trauer, Wut, Sehnsucht und Angst ist nichts, das ich von meinem Leben „unten im Trubel" fernhalten muss.

Dann kann ich mich auch wieder neu öffnen und lieben. Dem Leben wieder im Ganzen begegnen. Im Trubel des Lebens bei mir sein.

– ICH UND DU –

In welcher Farbe leuchtest du? Ein Gedanken-Experiment

Stell dir vor, es gäbe einen Filter, der Wesenszüge als Farbton darstellen würde. Optimismus erstrahlte z.B. in Nuancen von Gelb – das heißt, alle Menschen um dich herum, inklusive dir selbst, variierten farblich von zartem Blassgelb (= eher pessimistisch) bis hin zu leuchtendem Sonnengelb (= durch und durch optimistisch). Dasselbe Prinzip würde für Charaktereigenschaften wie Verlässlichkeit, Ehrgeiz, Ordnungssinn oder Kooperationsbereitschaft gelten.

Farbcheck beim ersten Date

Mal angenommen, Verlässlichkeit zeigte sich in Blaunuancen: würdest du den himmelblauen Luftikus mit ähnlichem Wohlwollen betrachten wie deine dunkelblau gefärbte, grundsolide Verabredung? Vielleicht würde Herr oder Frau „Unzuverlässigkeit" dafür in leuchtendem Gelb erstrahlen. Also ungetrübter Optimismus für den Preis der ein oder anderen „vergessenen" Verabredung? Oder Verbindlichkeit mit Hang zur Melancholie?

Tatsächlich reagieren wir in beruflichem wie privatem Rahmen stark auf die Wesenszüge unseres Gegenübers. Da spricht uns jemand aufgrund seines großen Ehrgeizes an, oder eben gerade nicht. Und nur zu oft klagen wir nach einiger Zeit: Hätte ich früher gewusst, dass er oder sie so sturköpfig / unentschlossen / trübsinnig etc. ist, hätte ich mich auf ihn oder sie nie eingelassen.

Auch wir sind bunt gefärbt

Natürlich machen wir es uns zu leicht, wenn wir dabei nur den anderen betrachten. Insofern wäre ein solcher Farbfilter als Mittel der Selbsterkenntnis auch für uns aufschlussreich: „Was, wir leuchten in tiefstem Sonnengelb? So optimistisch hatten wir uns bisher gar nicht empfunden." Oder aber: „Oha, unser Farbton in Bezug auf Ehrlichkeit ist nur blassgrün. Womöglich haben wir uns selbst belogen?" Passt für uns, was wir auf einmal deutlich sichtbar vorgehalten bekommen?

Oder erschrecken wir, reagieren mit Abwehr, Ungläubigkeit oder gar Scham auf die Farben, die uns der Filter zeigt? Im besten Fall wäre uns, mit Blick auf unsere Freunde, unsere Lebensgefährten oder andere Menschen in unserem Umfeld, das ein oder andere Aha-Erlebnis sicher: „Wie interessant: Hier zieht mich wohl der Ordnungssinn an, den ich an mir selbst nur in blassester Nuance wahrnehmen kann!" Oder: „Kein Wunder verstehen wir uns so gut, sind wir doch beide leuchtend abenteuerlustig gefärbt."

Nicht zuletzt könnten wir wahrnehmen: „Ich bin umgeben von lauter Menschen, die ganz ähnlich ticken wie ich." Oder aber: „Um mich herum scheint keine/r wie ich zu sein!" Was macht das mit uns? Fühlen wir uns damit wohl? Gefällt uns die Exklusivität, „anders" zu sein oder wünschen wir uns mehr Ähnlichkeit mit den Menschen um uns herum? Und nicht zuletzt: nach welcher Farbe – ergo Charaktereigenschaft – halten wir bei anderen zuerst Ausschau? Und was interessiert und beschäftigt uns an uns selbst am meisten?

Farben, die nicht zu verstecken sind

Schließlich mögen sich unsere Farbnuancen im Verlauf der Zeit ändern und ändern mag sich auch, worauf wir bei anderen achten. Vielleicht verstärkt sich in uns der Farbton der Kooperations-bereitschaft, oder wir nehmen umgekehrt wahr, dass wir immer weniger kompromissbereit werden. Zugleich lassen sich diese Farben nicht so leicht verstecken. Was macht diese Ehrlichkeit mit uns? Fühlen wir uns durch sie erleichtert – oder erschreckt?

Wie sehr schätzen und akzeptieren wir unsere ganz individuelle „Buntheit"?

Wieder monochrom

Voilà – nun sind wir äußerlich wieder „monochrom", unsere Charakterfarben sind nicht mehr für alle sichtbar. Schritt für Schritt, dürfen (und müssen) wir andere wieder kennen lernen, uns über den Austausch mit ihnen und gemeinsame Erfahrungen ganz langsam ihrem wahren Wesen nähern. Und auch unsere eigenen Wesensfarben bleiben uns erst einmal verschlossen. Wie fühlt sich das an: Bedrohlich? Erleichternd? Beglückend? Fremd?

Wo findest du Anerkennung? In dir selbst

Wo findest du Anerkennung? In dir selbst. Aber wie oft finde ich Anerkennung wirklich in mir selbst? Wie oft fühle mich aus der Balance gebracht und erwarte von meinen engen Freunden, meiner Familie und vor allem von meinem Partner oder meiner Partnerin sinngemäß: *„Mach, dass es mir wieder gut geht!"* Gib mir, was mir fehlt – Ruhe, Zuversicht, Anregung, Lebendigkeit, Entspannung, Tatkraft, Freiraum, Unterstützung usw.

Und wehe, es kommt nicht, was ich mit schon leerem „Gefühls-Akku" fordere. Dann fühle ich mich zurückgewiesen, erst recht unter Strom oder von aller Welt verlassen und finde fast keinen Ausweg aus dieser kindlichen Sehnsucht danach, dass einer oder eine da draußen heil machen möge, was mich innerlich quält.

Nun – als erwachsene Frau (und als erwachsener Mann) kann nur ich selbst mein Problem lösen. Aber natürlich hilft es, wenn ich damit nicht allein gelassen werde.
Zuallererst gebe ich mir jedoch selbst den Raum, mit allem da zu sein, was in mir ist (Anspannung, Einsamkeit, Frust, überbordende Freude) und *dann* zu beginnen, mir selbst zu geben, was mir fehlt.

Was es bedeutet, mich wirklich anzuerkennen

Das meine ich damit, mich im tiefen Sinn anzuerkennen: Ich nehme mich mit aller Unvollkommenheit an und halte aus, dass außen keiner und keine sagt: „Du bist perfekt so." Vielleicht bekomme ich sogar als Reaktion: „Warum bist du so? Das erschreckt mich, bedrückt mich, strengt mich an."

Wir alle haben Tage, an denen wir in dieser elementaren Weise bedürftig sind. Und oft ist der Impuls groß, von unseren liebsten Menschen zu fordern, uns diese Lücken zu füllen. Aber das kann nun einmal kein anderer Mensch.

Natürlich, es ist schön, wenn wir nicht ganz unbegleitet bleiben und wenn Momente der Schwäche und Verunsicherung beim anderen nicht eigene Verunsicherung und, daraus resultierend, Abwehr erzeugen. Schön ist das. Aber nichts, worauf wir einen Anspruch haben. Nicht mehr, wenn wir selbst erwachsen sind.

Und jetzt? Wie gehe ich mit diesen Momenten übergroßer Sehnsucht um?

Ich lasse los.

Der oder die andere ist nicht in der Weise für mich da, wie ich ihn oder sie bräuchte? Es ist so. Ich kann es nicht ändern. Ich lasse los.

Ich umarme mich innerlich und schenke mir Dinge, die mich kräftigen (Ruhe, ein Schaumbad, ein warmes gesundes Essen). Versuche ich bei mir zu bleiben und mit all meinem Schmerz, meiner Sehnsucht einfach nur da zu sein? *Das ist harte Arbeit.* Dafür darf ich mir einen guten, auch körperlichen, „Boden" schaffen.

Ich lasse die Trauer zu.

Die Trauer darüber, nicht zu bekommen, wonach ich mich sehne. Dass ich es vielleicht schon einmal nicht bekommen habe und mich gerade deswegen so sehr danach sehne. Habe ich losgelassen und mir liebevolle Fürsorge gegeben, ist die Trauer, die ich in diesem Moment spüre, „weich" und heilend. Es ist völlig in Ordnung, dass ich diese Sehnsucht in mir trage. Und ich bin sehr liebevoll mit mir, wenn ich mich traurig sein lasse darüber, dass mir etwas fehlt.

Ich nehme mich an.

Und dann – aber das kann nur der letzte Schritt sein nach dem Loslassen, dem mich Stärken und der Trauer – nehme ich mich vielleicht langsam und in kleinen Schritten wirklich an, *mit dem, was fehlt.* Ich bin ganz schön mutig, wenn ich mich in dieser Weise „nackt" anzusehen wage. Ja, diese Kerbe in der Seele habe ich. Da ist eine Lücke. Aber ich kann sie mir selbst füllen. Dadurch, dass ich hinsehe, hinfühle und mich in langsamen Schritten immer mehr annehme. Wie ich eben bin: vollkommen unvollkommen.

Wer hat die dickste Posaune? – Die Last des sozialen Vergleichs

Ein Bekannter von mir ist Musiker. Unter Musikern sei es üblich, sich zu vergleichen, erklärte er mir kürzlich: Wer werde wie oft eingeladen, an einem interessanten Projekt mitzuarbeiten? Wer spiele in welchem Orchester? Wer sei der Schüler von Koryphäe XY, bzw. habe selbst namhafte Schüler?

Mein Bekannter empfindet diesen „sozialen Vergleich" als belastend, kann sich jedoch nicht von ihm frei machen: Er fragt sich: „Was habe ich bisher (beruflich) erreicht? Ist es das, was ich wirklich will? Geht da noch was? Ein Ortswechsel, neue Projekte?" Sein Leben ist bestimmt durch hundert unterschiedliche Aktivitäten, jeden Tag ist er in einer anderen Stadt, möchte man sich mit ihm verabreden, hat er einen „Termin" in einer Woche anzubieten.

Nichts dagegen zu sagen? Die „Rushhour" des Lebens zwischen 20 und 50? Oder die Normalität im Leben eines Berufsmusikers, dessen Arbeit Mobilität und ein überdurchschnittliches Engagement erfordert? Ich betrachte aus etwas Distanz dieses bewegte Leben und bin ganz froh, in meinem mehr Konstanz zu haben, auch nicht mehr so drängend die Frage: wo geht es beruflich – und damit auch in Bezug auf Lebensmittelpunkt und innere Orientierung – hin?

Konkurrenz im Privaten

Dennoch kenne ich Momente, in denen auch ich beginne, mein Leben mit dem anderer zu vergleichen. Kollegin XY, jünger als ich, kehrt nach einem Jahr aus der Elternzeit zurück, arbeitet gleich Vollzeit und übernimmt auch noch eine Führungsaufgabe. Soweit bin ich bis jetzt nicht, vier Jahre nach der Geburt meines

Sohnes – sollte ich? Oder: Ich spaziere mit meinem Kind an einem Sonntag allein durch den Zoo. Überall Mama-Papa-Kind-Familien. Ich bin hier als Mutter allein mit meinem Kind. In Ordnung so, oder ein Defizit?

Was mir deutlich wird: Häufig machen gar nicht die Lebensumstände an sich unzufrieden, sondern der Vergleich mit anderen. Das mag vor allem auf Bereiche zutreffen, in denen ich nicht ganz sicher bin, ob mein Weg der richtige für mich ist, oder wenn ich meine Lebenssituation nicht frei gewählt habe, wie das oft nach einer Trennung der Fall ist. Dann beginne ich gegebenenfalls auf die zu schielen, die „haben, was ich nicht habe" und werde unzufrieden.

Andererseits kann ich durchaus sehr erfolgreich sein in dem, was ich tue – und doch auf das schielen, was (noch) nicht da ist. Mit einer sicheren, gut bezahlten Arbeitsstelle, einem gesunden Kind, einem seit Jahren bestehenden Freundeskreis und einer hübschen Wohnung kann ich zufrieden sein, oder ich schaue neidisch auf die, deren Wohnung größer ist, die in einer Partnerschaft leben, mit zwei Kindern oder anderem Beruf.

Ich bin sehr froh, dass mich diese Momente der Unzufriedenheit nur selten heimsuchen. Bemerke ich dennoch, dass ich mit Unmut oder Trauer auf das Leben anderer blicke, hilft mir die Erkenntnis: *es ist das Leben der anderen*. Du würdest es selbst nie so leben, würdest dich selbst ganz mit in dieses Leben nehmen und bist du jetzt unzufrieden, wärst du es nach kürzester Zeit unter anderen Umständen auch.

Zufriedenheit ist kaum abhängig von dem was „außen" ist.

Eine Studie des Psychologen Philip Brickman der amerikanischen Northwestern University[3] ergab bereits 1978, dass sich die Zufrie-

---

3   Vgl. Brickmann, 1978, zitiert in: Veenhoven, Ruth: „Ist Glück relativ? Überlegungen zu Glück, Stimmung und Zufriedenheit aus Psychologischer Sicht", 1991.

denheit von Menschen nach einem Lotteriegewinn nicht bedeutend von der derjenigen ohne Gewinn unterschied und dass selbst Menschen, die eine Querschnittslähmung zu akzeptieren hatten, nach einer gewissen Zeit nicht gravierend schlechter über ihr Leben dachten als die Vergleichsgruppe ohne Lähmung.

Was schließe ich daraus? Bestehe nicht darauf, das Leben der „anderen" zu leben. Bist du wirklich unzufrieden mit dem, was in deinem Leben ist, finde heraus, was dich stört – *und ändere es*. Ein Berufs- oder Ortswechsel mit 30, 40 oder 50? Nicht einfach, aber auch nicht unmöglich. Du fühlst dich ungeliebt und allein? Lerne, dich selbst anzunehmen und weniger um dich selbst zu kreisen, dann kommen Menschen von ganz alleine auf dich zu.

Manchmal bist du aber wirklich krank, geschwächt, oder die Situation, mit der du unzufrieden bist, lässt sich im Moment nicht ändern. Dann – altes Lied, und dennoch wahr – *nimm an, was ist*. Und hier kann vielleicht tatsächlich der soziale Vergleich für dich hilfreich sein. Nicht, indem du dich weiter mit anderen misst, oder gar auf die herabsiehst, denen es „noch schlechter geht als dir". Nein, indem du wahrzunehmen beginnst, *was du alles hast*, selbst in deinem Unglück. denn oft ist das erstaunlich viel.

Interessanterweise sind ja nicht diejenigen am glücklichsten, die am meisten haben, sondern die, die zufrieden mit dem sind, *was sie haben*. Und ganz sicher hast auch du in diesem Moment sehr viel. Sollte dich also wieder einmal die Unruhe packen des „Höher-schneller-weiter", des „Ich will, was ich nicht habe" – dann halte inne und übe dich in der Dankbarkeit für das, was du hast – *es wird, dadurch, dass du es siehst, wertvoll*. Ganz ohne sozialen Vergleich.

Willst du glücklich sein, bau dir ein Haus. Willst du glücklich bleiben, vergleiche es nicht mit dem deines Nachbarn.

Vom heimlichen Geiz: Gibst du, um eigentlich zu bekommen?

Wie ist das mit dem (selbstlosen) Geben? Wer gerne und bereitwillig gibt, wird als sozial angenehm, als souverän und selbstsicher wahrgenommen: „Toll, was der beiträgt! Beeindruckend, wie die sich engagiert!" Wir halten schon unsere Kinder dazu an, zu teilen und mit anderen zu kooperieren. Jedenfalls meinen wir, sie dazu zu ermutigen, wenn wir ihnen nahelegen, ihr Sandförmchen mit der KiTa-Freundin und ihr Laufrad mit dem Nachbarsjungen zu teilen.

Interessanterweise scheinen Kinder aber umso freigebiger, wie übrigens auch hilfsbereiter, zu werden, je weniger „Druck" wir bezüglich ihrer Freigebigkeit ausüben. Akzeptieren wir, dass (momentan) jede Bereitschaft zum Teilen fehlt, unterstützen wir de facto ihre Fähigkeit zur Kooperation. Zum einen, da wir ihnen gegenüber selbst großzügig und kooperativ handeln, ihnen somit schlicht das beste Vorbild sind, zum anderen, da wir ihnen dadurch erst den Raum geben, ihre Großzügigkeit in ihrem ganz eigenen Tempo zu entdecken.

Geben mit Freude

Später, als Erwachsene, empfinden wir ja nicht die Menschen als sozial kompetent, die, weit über ihre Grenzen und Bedürfnisse hinaus, „haltlos" geben, sondern diejenigen, die mit gutem Gefühl geben können, aber auch kein Problem damit haben, einfach einmal „Nein" zu sagen. Aufschlussreich kann meiner Meinung nach sein, sich zu fragen: Warum und mit welchem Empfinden gebe ich als erwachsener Mensch?

Unter Geben mit Freude verstehe ich ein Geben und Beschenken, das mir aus einem Gefühl der Fülle heraus und ohne besondere Erwartung möglich ist. Ich lasse andere an meinen Erfahrungen teilhaben, ohne von ihnen zu erwarten, dass sie sich in irgendeiner Weise an mir orientieren oder auf meine Offenheit mit entsprechender Öffnung reagieren. Ich beschenke Freunde, ohne die Erwartung der Dankbarkeit.

All dies ist mir möglich, weil ich selbst Fülle, Dankbarkeit und Frieden in mir spüre. Ich muss keine positive Reaktion, kein „Gegengeschenk" fordern, ich fühle mich bereits beschenkt.

Geben aus Furcht und Bedürftigkeit

Diesen wunderschönen Zustand kennen wir vielleicht. Aber vermutlich fühlen wir uns bei weitem nicht immer von ihm erfüllt. Dann kann es sein, dass wir in ein Geben verfallen, dass eigentlich durch Furcht oder Erwartung bedingt ist. Wir sind freundlich, unterstützend, langmütig, nett, weil wir Furcht haben, sonst auf wenig Gegenliebe zu stoßen. Womöglich hat man uns als Kind signalisiert: wirklich lieb habe ich dich nur, wenn du umgänglich und „pflegeleicht" bist. Als erwachsener Mensch klingen diese Stimmen in uns nach und wir hoffen, geliebt zu werden, wenn wir nur recht liebenswürdig und gefällig sind.

Paradoxerweise erzeugt dieses Geben aus Furcht und Bedürftigkeit häufig direkten oder indirekten Widerstand. Von Menschen, die in dieser Weise geben, fühlen wir uns subtil unter Druck gesetzt oder gar bedrängt. Etwas in uns spürt sehr deutlich die Erwartung, die hinter der scheinbaren Freigebigkeit steckt. Wir verschließen uns somit dem Appell, der demjenigen, der in dieser Weise gibt, vielleicht gar nicht bewusst ist, und wollen eben gerade nicht „auf Kommando" geben. Fast wie die Kleinkinder im Sandkasten halten wir unsere „Förmchen" umso entschlossener fest, je stärker jemand unausgesprochen von uns fordert: „Gib sie mir!"

Die Sandförmchen der großen Leute

Als Erwachsene sind unsere „Sandförmchen" Zuneigung, Aufmerksamkeit, gemeinsam verbrachte Zeit, in Partnerschaften auch sexuelle Nähe. Wer hier nur gibt, um das Entgegenkommen des anderen in einer der genannten Formen zu bekommen, wird letztlich frustriert erkennen müssen: was ich (implizit) fordere, bekomme ich gerade nicht.

Die Crux dabei ist meiner Meinung nach, dass ich meine Wünsche und Bedürfnisse verstecke und somit letztlich „unecht" bin. Ich gebe mich freigebig, aber fühle mich zugleich bedürftig. Dies gestehe ich mir jedoch nicht ein, sondern schimpfe lieber auf die Undankbarkeit, Egozentrik und Herzlosigkeit meiner Umwelt. Ich behaupte, großzügig zu sein, aber bleibe letztlich höchst verschlossen, aus Furcht, das wenige, das ich in mir als „sicher" empfinde, auch noch zu verlieren.

Wie komme ich da raus?

Zunächst einmal, indem ich wahrnehme, dass ich bedürftig bin. Im Grunde hilft hier, was wir durch den Umgang mit unseren Kindern lernen können: wahre Großzügigkeit entsteht nicht dadurch, dass ich sie (auch mir selbst gegenüber) einfordere und mich damit bedränge, sondern dadurch, dass ich mir den Raum gebe, so zu sein wie ich bin und mich mit mir selbst sicher fühle.

Nur wenn ich mir zugestehe, dass ich schlicht geliebt und geschätzt werden möchte und mich nach Raum für mein ganz eigenes So-Sein sehne, kann ich beginnen, mir diesen Raum zuzugestehen. Dann kann ich mir auch, um zum ursprünglichen Bild zurückzukehren, erlauben, meine „Sandförmchen" erst einmal zu behalten, oder aber sie nur dosiert zu verteilen. Denn ich weiß, dass ich den Unmut meines Gegenübers aushalten kann.

Ich weiß, dass ich nicht „gefällig", übertrieben engagiert oder hilfsbereit sein muss, um geliebt zu werden.

Bin ich in dieser Weise großzügig, so bin ich es tatsächlich aus freien Stücken und aus einer inneren Sicherheit heraus. Diese innere Sicherheit empfinde ich als das eigentliche Geschenk. Sie nimmt mir die Angst zu viel zu geben und schenkt mir dadurch die Freiheit, tatsächlich aus ganzem Herzen freigebig zu sein.

Berührt euch! Vom Segen menschlicher Berührung

Kinder leben durch Berührung: Bereits im Mutterleib ertasten sie ihre Umgebung, als Baby wandert fast alles in ihren Mund und wird genussvoll mit Lippen und Zunge erforscht, und wenig später beginnen die kleinen Wesen tastend und greifend die Welt im Wortsinn zu *erfassen*.

Auch in anderem Sinn sind Kinder Berührungswesen: würden wir sie nicht herumtragen, streicheln und wiegen, beruhigend tätscheln und uns Hand in Hand mit ihnen zu ihren ersten Abenteuern aufmachen, würden sie verkümmern wie Pflanzen, denen das Sonnenlicht vorenthalten wird.

Über Berührung nehmen wir von frühester Kindheit an unsere Grenzen und die unserer Umwelt wahr. *Das bin ich und das bist du!* Wenn Kinder dies begreifen, ist ihnen ein Meilenstein der Persönlichkeitsentwicklung gelungen. Zu dieser Erfahrung trägt weit davor das hundertfache Be-Greifen ihrer selbst und ihrer Umwelt bei.

Erwachsene leben berührungsarm

Umso erstaunlicher, dass wir uns als Erwachsene die haptische Wahrnehmung unserer Umwelt zu großen Teilen „abgewöhnt" und sie häufig fast verlernt zu haben scheinen. Die Sinneseindrücke über Augen und Ohren dominieren unser Bild der Welt: diese ist für uns farbig und voller Klang und Lärm, aber nur noch selten kratzig oder samtig, schweißnass oder pergamentartig trocken, pulsierend heiß oder kühl und wächsern. Ein Händedruck verrät uns viel über einen anderen Menschen, eine Umarmung noch mehr. Freude, Furcht, Anstrengung, Vorsicht oder Wohlbefinden zeigen sich auch in Stimme und Haltung.

Aber die tiefen Ebenen körperlichen und seelischen Befindens sind oft erst in der Berührung wahrnehmbar: Ein schwacher Puls, Kühle oder Hitze der Haut, Verdichtung des Gewebes in Form von Schwellungen und Knoten waren vor Zeiten der Apparatemedizin zuverlässige Ratgeber ärztlicher Kunst.

Heute stellt selbst mancher Kinderarzt seine Diagnose hinter seinem Schreibtisch hervor, ohne seine kleinen Patienten ein einziges Mal zu berühren. Mich mutet das höchst seltsam an und ich empfinde diese Berührungsarmut als Beschränkung, die wir uns unnötigerweise selbst auferlegen. Nicht nur im Sinn der Informationsaufnahme können wir die Welt durch die Berührung um eine ganze Dimension bereichern. Vor allem im zwischenmenschlichen Kontakt *nähren* wir uns damit auch.

Lasst euch (wieder) berühren!

Einsamkeit, die „Krankheit" individualistischer Gesellschaften, geht ja oft einher mit einem eklatanten Mangel an Berührung. Manch alter Mensch geht zum Friseur oder Arzt, um wieder einmal gefragt zu werden, wie es ihm geht und um eben berührt zu werden.

Aber auch für uns ins Leben eingebundene Erwachsene gilt: lasst uns das wärmende Feuer der Berührung wieder entfachen oder am Leben erhalten! Umarmt eure Kinder und Eltern. Setzt euch Schulter an Schulter mit euren Freunden. Geht Hand in Hand mit euren Liebsten. Kuschelt, küsst und kost mit allen Sinnen. Streichelt, tastet, matscht mal wieder! Lasst frische Blumenerde durch eure Finger rieseln. Tastet mit euren Zehen nach Grashalmen, fühlt im Sommer Kies und Schotter unter euren Füßen. Die Welt ist mehr, als Augen sehen und Ohren lauschen können. Berührt euch selbst und andere.
Teilt diese Erfahrung mit euren Kindern. Lasst euch (wieder) berühren von dieser wunderbaren Welt!

„Welche Brille trägst du?" Was unser Blick auf die Welt bewirkt

1991 beschrieb der Soziologe und Philosoph Paul Watzlawick ein seltsames Phänomen: *In den Fünfzigerjahren bemerkten immer mehr Einwohner der amerikanischen Stadt Seattle kleine Kratzer an den Windschutzscheiben ihrer Autos.*[4]

Bald waren unter den Menschen zwei Theorien zur Entstehung der Kratzer entstanden: Für die Vertreter der „Fall-out-Theorie", geprägt durch die Berichterstattung des Kalten Krieges, waren die Kratzer das Ergebnis von radioaktiven Niederschlägen, die von russischen Atomtests verursacht wurden, für die Vertreter der „Asphalt-Theorie" waren die Kratzer das Ergebnis einer Veränderung des Straßenbelags durch umfangreiche Baumaßnahmen.

Weil die Aufregung in der Stadt so groß war, wurde eine Untersuchungskommission eingesetzt. Diese kam zu einem ganz anderen Ergebnis. Statt die beiden Theorien zu untersuchen, prüfte die Kommission zuerst, ob es überhaupt eine Zunahme an Kratzern auf Windschutzscheiben gab.

Und das Ergebnis war: Es gab keine.

Wie aber kamen die Einwohner zu ihrer Wahrnehmung? Als die Berichterstattung über zerkratzte Windschutzscheiben zunahm, prüften immer mehr Menschen die Scheiben ihrer Autos. Dazu starrten sie diese von außen aus nächster Nähe an, statt wie sonst von innen durch sie hindurchzusehen. In der Erwartung, Schäden zu entdecken, sahen die Menschen aus ihrem eigens dazu eingenommenen Blickwinkel Kratzer, die gewöhnlich bei jedem Auto vorhanden sind, die sie aber vorher nie wahrgenommen hatten.

---

4   Watzlawick, Paul: Wie wirklich ist die Wirklichkeit, Piper. 1978.

Die Aufregung in Seattle war also weder das Ergebnis von Atomtests noch von Baumaßnahmen, sondern das Resultat von auf der Suche nach Schäden angestarrten Windschutzscheiben.

Vielleicht sollten wir manchmal eher unsere Perspektive überprüfen, anstatt über den „Wahrheitsgehalt" einer Angelegenheit zu streiten.

Mir kommt das in den Sinn, wenn ich über zwischenmenschliche Beziehungen im Familien- und Freundeskreis nachdenke, ebenso wie – im größeren Rahmen – über die Art, wie wir z.B. Menschen begegnen, die aufgrund von Kriegen und religiöser Verfolgung oder auch einfach „nur" aufgrund wirtschaftlicher Perspektivlosigkeit nach Deutschland geflüchtet sind.

Schauen wir durch die Brille der Angst, die Brille des Vorbehalts – oder durch die der Zuversicht und der hoffnungsvollen Erwartung? Je nach Perspektive werden wir die „Kratzer auf der Scheibe", die in wirklich jeder Situation und Beziehung zu finden sind, ganz anders deuten.

Ende und Neuanfang

Ende und Anfang bedingen einander. Das Neue ist im Alten schon angelegt, das Alte muss weichen, um Raum und Möglichkeit für Neues zu schaffen.

- *Trauer endet nicht mit dem Zustand, traurig zu sein. Und Freude beginnt nicht erst dort, wo alle Trauer überwunden ist.*

- *Der Schmerz ist Teil des Weges.*

- *Der Schmerz ist nicht der letzte Teil des Weges.*

- *Die Welt ist gut, sie ist freudvoll und sehr viel ist möglich, wenn du nicht von Angst, sondern von Vertrauen geleitet wirst.*

- *Ist das nicht der Sinn des Lebens: es geht weiter und nichts geht je wirklich verloren – auch wenn wir lernen müssen, dem Verlust immer wieder ins Auge zu sehen?*

- *Wie lebe ich Familie? Der Blick zurück bringt Klarheit für die Gegenwart.*

- *Willst du glücklich sein, bau dir ein Haus. Willst du glücklich bleiben, vergleiche es nicht mit dem deines Nachbarn.*

- *Schauen wir durch die Brille der Angst, die Brille des Vorbehalts – oder durch die der Zuversicht und der hoffnungsvollen Erwartung? Je nach Perspektive werden wir die „Kratzer auf der Scheibe", die in wirklich jeder Situation und Beziehung zu finden sind, ganz anders deuten.*

– MUT –

Mut für mich? Nicht „Everybody's Darling" sein

Mut ist für mich, nicht „Jedermanns Liebling" sein zu wollen. Natürlich schließt dieser Mut Liebenswürdigkeit und Aufmerksamkeit anderen gegenüber nicht aus. In einem kühlen oder abwertenden Umfeld kann ein solches Handeln sogar sehr mutig sein. Andererseits ist meiner Meinung nach Mut auch immer mit einer Portion Eigensinn verbunden: ich gehe innerlich und äußerlich nicht die „ausgetretenen" Wege, sondern wage hinzusehen und dort hinzugehen, wo „Neuland" für mich ist.

Mein persönliches Neuland ist oft auch für die Menschen um mich herum neu und erst einmal irritierend. Also reagieren sie vielleicht befremdet oder versuchen mich sogar von meinem Weg abzubringen. Mut ist dann für mich, dass ich mir selbst treu bleibe und eben darauf verzichte, „Everybody's Darling" zu sein.

Äußerer Mut, inneres Selbstwertgefühl

Insofern hat äußerer Mut für mich viel mit einem stabilen Gefühl des Selbstwerts zu tun: glaube ich an den Wert meiner Empfindungen, Wahrnehmungen und letztlich an meinen eigenen Weg, kann ich diesen auch nach außen klar vertreten.

Mut ist für mich also, mir selbst zu vertrauen, in meinem So-Sein sichtbar zu werden und meinen Weg zu gehen, auch wenn er anderen nicht gefällt.

Oft genug darf ich dabei erleben, dass sich gerade durch meinen Mut Türen öffnen und sich neue Chancen ergeben, manchmal in einer Form, in der ich sie nie erwartet habe.

Mistress Proper?

Alleinerziehend zu sein bedeutet auch, stark sein zu müssen. Es kostet Kraft, Alltagsdinge wie Einkäufe, Behördengänge, Banktermine jeden Tag alleine zu erledigen, bzw. für Dinge wie Reifenwechsel, Reparaturen im Haushalt oder die Steuererklärung das nötige Know-how zu erwerben oder sich professionelle Unterstützung zu organisieren.

Es kostet auch Kraft, die kleinen und großen Alltagsgedanken und -sorgen mit sich selbst auszumachen. Freunde sind zuverlässig da, „wenn es brennt", aber im Alltag oft mit ihrem eigenen Leben, Familie und Beruf beschäftigt. Auch körperlich muss ich als allein lebende und alleinerziehende Frau „stark" sein: wie viele Male in der Woche schleppe ich Einkaufstüten, wuchte den Kinderwagen über Treppenstufen und U-Bahn-Schwellen oder trage mein 18kg schweres Kind in den 3. Stock.

Immer stark sein müssen?

Dies soll jedoch kein Lamento werden à la „So schwer haben wir es als Alleinerziehende", auch wenn sich das Leben, getrennt lebend und mit Kind, manchmal tatsächlich nicht leicht anfühlt. Mich interessiert vielmehr: wie gehe ich mit diesem Gefühl um, immer „stark" sein zu müssen, oft kein wirkliches Ventil für all die anderen Gefühle und Sehnsüchte zu haben: Wut, Trauer, Verzagtheit oder Erschöpfung, aber auch Lebensfreude, Humor, Neugier und Entdeckerlust, die mich ebenfalls ausmachen. Wie reagiere ich, wenn mich spürbar die Erschöpfung überwältigt, ich mit körperlicher und seelischer Überforderung konfrontiert bin? Wie reagiere ich, wenn „ansteht", schwach zu sein?

Krankheit – der berühmte „Rücken", aber oft schon drei Tage grippeartige Erkältung mit hohem Fieber – zeigt mir sehr deutlich: kann ich nur stark oder auch schwach sein? Wie reagieren „wir" Alleinerziehenden denn, wenn wir spüren, dass wir krank zu werden drohen? Oft doch mit dem Anspruch: „wird schon gehen". Von Globuli bis Antibiotika, jede hat so ihre Mittelchen, um im Alltag nicht „auszufallen".

Und es „muss" ja auch gehen: wir haben Verantwortung unseren Kindern, unseren Arbeitgebern und anderen Menschen gegenüber, die auf uns angewiesen sind. Und wir sind es zudem oft so gewohnt, körperliche und seelische Stärke zu kultivieren, dass wir fast in Panik geraten, wenn eben diese Stärke uns zu verlassen droht.

Wie zeigt sich diese Panik? Allzu oft doch im Versuch „noch stärker" zu sein oder die Dinge weiter bestmöglich unter Kontrolle zu halten. Der Mutter der stark verschnupften Kita-Freundin würden wir am liebsten das Sagrotan-Fläschchen in die Hand drücken, damit sich unser Kind nicht ansteckt. Oder wir rufen ein „Geht schon, ich komm zurecht", auch wenn eigentlich gar nichts mehr geht. Oder verfallen in wütende Ausfälle gegen Ex-Partner, Jugendamt und Co, die uns „das Leben zur Hölle" machen. Schwach zu sein fühlt sich nicht schön an. Angriff und Kontrolle oder aber Flucht und Rückzug sind noch immer in uns einprogrammiert, wenn wir uns bedroht fühlen. Und wie sollen wir Schwäche auch als etwas anderes als eine Bedrohung empfinden in einem Leben, das es so absolut nötig zu machen scheint, stark zu sein?

Schwach sein zu können ist eine Stärke

Ich will hier nicht dafür plädieren, sich haltlos Gefühlen von Ohnmacht und Hilflosigkeit hinzugeben. Aber wie reagieren wir, wenn tatsächlich einmal nichts mehr geht? 40 Grad Fieber und das eine Woche lang? Ein Autounfall und ein gebrochenes Bein? Oder seelische Schwere, die uns so gefangen hält, dass einfach nichts mehr möglich ist? Für unsere Kinder und für uns selbst suchen wir uns in diesen Extremsituationen doch meist Hilfe. Dann reist unsere Mutter aus 300km Entfernung an, wir holen uns bei einer Beratungsstelle Unterstützung oder gehen zur Mutter-Kind-Kur. Gerade, wenn „nichts mehr geht", bewegt sich oft etwas.

Warum die Stärke, die wir offensichtlich in solchen Momenten existentieller Schwäche mobilisieren können, nicht bereits nutzen, wenn es uns nur mal „nicht so gut" geht? Indem wir uns bereits in diesen Augenblicken fürsorglich uns selbst gegenüber verhalten, sorgen wir gut für uns. Also umgeben wir uns z.B. bewusst mit Menschen, durch deren Gegenwart wir uns gestärkt fühlen und achten bewusst auf unsere Gesundheit und den Erhalt unserer Kräfte.

Schwäche fordert oft Klarheit heraus: Was ist mir wichtig? Wofür mag ich mich wirklich einsetzen, wofür mag ich kämpfen – und wofür lohnt sich meine Anstrengung letztlich nicht? Schwach zu sein, auch wirklich körperlich, macht mich im besten Fall ehrlich: mir und anderen gegenüber. Keine „Mistress Proper", die alles im Griff hat – eine wirklich starke Frau mit allen Facetten!

Frauen, vernetzt euch!

Care-Arbeit, die Fürsorge für Kinder, Alte und Kranke, ist das Rückgrat unserer Gesellschaft. Zugleich behandeln wir die, die diese Arbeit auf sich nehmen, oft mit gönnerhaftem Wohlwollen: *Super, das du das machst – das wäre nichts für mich!*

So denken insgeheim vermutlich nicht wenige Entscheidungsträger und -trägerinnen aus Wirtschaft und Politik, schmerzhafterweise gleichermaßen Männer wie Frauen, deren Karrieren davon profitieren, dass Au-Pairs, Erzieherinnen und Ehepartner die Pflege von Kindern und alten Eltern übernehmen. Keiner, der Kinder hat, kann von 8-20 Uhr in Sitzungen oder auf Geschäftsreisen sein, ohne eine familiäre oder außerfamiliäre Betreuung für seinen Nachwuchs in Anspruch zu nehmen. Das kostet, wenn man dafür bezahlen muss, schnell mehrere Hundert Euro. Glücklich, wer gar nichts dafür bezahlt, bzw. nur ein Taschengeld, weil eine Assistenz mit Dreimonatsvisum oder eben die eigene Ehefrau diese Arbeit übernimmt.

Tragisch ist, dass genau die Menschen, die diese emotional und körperlich fordernde Arbeit verrichten, oft in keiner Weise in der Lage sind, für ihre Rechte einzustehen. Eine Frau, die die deutsche Sprache nur unzureichend spricht, zwischen zwei Jobs pendelt, um sich finanziell über Wasser zu halten oder die finanziell und emotional von ihrem Partner abhängig ist, der den Vollzeitjob innerhalb der Familie inne hat, wird kaum zur Aktivistin. Auch wer allein- oder getrennt erziehend ist und neben der eigenen Berufstätigkeit seine Kinder betreut, hat oft weder Zeit noch Energie, sich gesellschaftlich zu engagieren.

Unsere alltägliche Stärke nutzen

Dabei ist sehr viel möglich, wenn gerade wir Frauen uns unserer Stärke bewusst werden. Ein Beispiel mag der von mir und einer Freundin im Sommer 2018 gegründete Stammtisch für Allein- und Getrennterziehende sein. Nach meiner Trennung 2017 fühlte ich mich selbst erschöpft und hilfsbedürftig. Und auch wenn ich das Gefühl hatte, zu neuen Ufern aufbrechen zu können, fühlte ich mich doch oft ziemlich allein. Mein Impuls für einen Stammtisch für allein- und getrennt erziehende Eltern lag genau darin begründet: ich wollte mehr Kontakt zu Müttern und Vätern in meiner Situation und das für mich gut erreichbar, in ungezwungenem und zugleich persönlichem Rahmen.

Die ersten drei „Stammtische" organisierten wir als Picknick im Park mit unseren Kindern, jeder brachte etwas zu essen mit und mit überschaubarem organisatorischen Aufwand zauberten wir so ein kleines Frühstücksbüffet auf Papptellern und Papierservietten. Als die Temperaturen im Herbst sanken, zogen wir um in ein Lokal und frühstücken seitdem dort. Wir genießen das gemeinsame Essen und stärken uns gegenseitig. Auch echte Freundschaften sind aus diesen Treffen bereits entstanden.

Mutter-Sein stärkt!

In Bezug auf das Verfolgen eigener Ziele hat mich mein Mutter-Sein und die Erfahrung meiner Trennung eindeutig verändert. Ich weiß inzwischen nicht nur, dass es gut und wichtig ist, seine eigenen Werte zu vertreten, sondern auch, dass ich den Mut haben muss, mir die Strukturen zu schaffen, in denen dies überhaupt möglich ist. Auf einmal bin ich selbst diejenige, die Dinge ins Leben ruft. Und ich kann sagen, es fühlt sich gut an!

Daher schaut, was ihr mit tiefem Interesse verfolgt und dann macht es konkret: Welche Begegnungen und Initiativen können euch das geben, was ihr sucht?

Setzt um, was euch wichtig ist, zunächst so klein und mit so wenig organisatorischem Aufwand wie möglich: *Ihr öffnet Türen, ihr braucht die Menschen nicht hindurch zu tragen!* Wer mit euch gehen will, wird ganz von selbst Initiative zeigen.

Und nicht zuletzt: Achtet beim Machen und Initiieren darauf, was sich für euch wirklich gut anfühlt. Denn dorthin fließt eure Kraft von ganz alleine. Ich möchte nicht unterschlagen, dass es Zeit und Energie kostet, Dinge nicht nur zu initiieren, sondern sie auch „am Laufen" zu halten.

Die Kraft dazu findet ihr meiner Meinung nach dadurch,
a) dass ihr euch mit anderen zusammen tut, die eure Ziele teilen,
b) nicht erwartet, dass euch alles gelingt und ihr jeden und jede für eure Pläne begeistern könnt und vor allem,
c) dass sich euer Handeln mit euren Werten deckt. Ein Handeln, bei dem ihr in diesem Sinne auf eure Kräfte achtet und eurem „inneren Kompass" folgt, kann eigentlich nur erfolgreich sein.

Mein Fazit:

Frauen und Mütter, alleinerziehend, getrennt erziehend oder nichts von beidem: Wenn wir die Kraft haben wollen, gesellschaftlich etwas zu bewegen, müssen wir uns zunächst selbst stärken. Daher: Seid euch eurer Kraft und eurer Möglichkeiten bewusst. Und versucht eure Ziele gemeinsam zu erreichen. Es ist einfacher, erfolgversprechender – und macht schlicht mehr Spaß!

Die Grenzen des Wachstums: Drei Fragen für soziales Handeln

Würde mir jemand prophezeien, ich könne meinen Sohn durch die Gabe bestimmter Hormone fünf Meter groß werden lassen, würde ich ihm wohl einen Vogel zeigen. Nicht nur, weil mir eine solche Körpergröße nicht besonders erstrebenswert erscheint, sondern weil sie schlicht anatomischen Gesetzmäßigkeiten widerspricht. Auch jemanden, der mir verspräche, mit Wunderpille XY könne ich 150 Jahre alt werden, fände ich wenig glaubwürdig. Unsere körperlichen Grenzen akzeptieren wir meist, wenn auch zum Teil zähneknirschend.

Höher - schneller – weiter

Anders sieht es bei unseren psychischen und emotionalen Grenzen aus: wir brauchen nicht gleich zu Ritalin oder Amphetaminen zu greifen, auch Selbsterfahrungsworkshops oder Coachings zur Work-Life-Balance unterliegen dem Paradigma des Höher-Schneller-Weiter: Selbstverbesserung unter der Prämisse, es gebe irgendwo ein „Optimum" unseres Selbst: *Wenn wir uns nur genug anstrengen, „geht da noch was", holen wir noch mehr aus uns heraus.*

Konsum und Wirtschaftswachstum

Noch klarer ersichtlich wird dieser Wachstumswahn im Bereich der Wirtschaft. Was heute noch als gut genug erscheint, gilt morgen schon als veraltet, wird aussortiert und neu angeschafft. Halbjährlich neu auf den Markt geworfene Duschgels, Smartphones, PCs, Autoserien etc. sind der tägliche Beweis dafür.

Welchen Herausforderungen sieht sich jedoch eine Gesellschaft gegenüber, die sich dem stetigen Wachstum „entwöhnen" möchte? Hängt in einem Sozial- und Wirtschaftssystem, das auf (ökonomischem) Wachstum basiert, nicht auch der Arbeitsmarkt, das Krankenversicherungs- und Rentensystem vom Konsum ihrer Mitglieder ab? Und solange jedem bei der selbstgeplanten Fernreise CO_2-Emission und globaler Fußabdruck auf einmal unwichtig wird, bewegt sich auch im Großen nichts ernsthaft in Richtung soziale Kooperation und Umweltschutz.

Egoistisch Gutes tun

Ich möchte dennoch nicht in die Klage vom „allzu egoistischen Individuum" einstimmen. Soziales Handeln darf durchaus egoistisch motiviert sein, das macht es nicht unbedingt schlechter. Verzichte ich aus Eigeninteresse an meiner Gesundheit auf antibiotikagesättigtes Fleisch aus Massentierhaltung, trage ich zum Tierschutz bei. Fahre ich mit der Bahn oder dem Rad, weil mir ein eigenes Auto in der Stadt zu teuer erscheint und ich ohnehin nie einen Parkplatz finde, schütze ich die Umwelt und unterstütze eine nachhaltigere Wirtschaft – auf den ersten Blick aus reinem Eigennutz.

Sehe ich mich selbst und meine Umwelt darüber hinaus als Teil einer größeren, gegebenenfalls sogar göttlichen, Ordnung, stellt sich die Frage, ob mir soziales Verhalten nicht in jedem Fall selbst zugute kommt? Nehme ich mich wahr als mit meinen Mitmenschen, Mitgeschöpfen und der Natur verbunden, fällt die Liebe, die ich meinem oder meiner Nächsten schenke, automatisch auf mich zurück - und in ihr spiegelt sich somit das Wunder des Lebens als die Liebe an sich, die in allem ist und mich mit allem verbindet.

Was kann ich also tun, um mitten in der Wachstums- und Konsumgesellschaft sozialer zu handeln?

Dabei können die folgenden drei Fragen ein Anfang sein:

1) Würde ich das auch essen, tragen oder nutzen, wenn ich bei seiner Herstellung dabei sein müsste? Was ich erwerben möchte, wird unter Bedingungen hergestellt, die für andere – Tiere wie Menschen oder die Umwelt – quälend und zerstörerisch sind? Dann kaufe ich es nicht.

2) Brauche ich das wirklich? Was mir heute erstrebenswert erscheint, brauche ich voraussichtlich morgen schon nicht mehr. Dann kaufe ich es nicht.

3) Wer kann das noch gebrauchen? Was ich gerade im Begriff bin wegzuwerfen, braucht vielleicht ein anderer: dann verleihe oder verschenke ich es, bringe es zum Secondhand-Laden oder der Kleiderbörse und jemand anderes kauft eben nicht schon wieder neu.

Sozial und nachhaltig zu handeln ist nicht nur etwas für die Besten unter uns und es ist noch nicht einmal besonders schwer. Mir persönlich hilft sehr der Gedanke: was lebe ich hier gerade meinem Sohn vor? Und dann lebe ich es einfach.

Was ist echte Stärke für dich?

Echte Stärke ist für mich eine Mischung aus der Fähigkeit, sich wieder aufzurappeln, wenn das Leben mich umgeworfen hat, mein eigenes Verhalten zu reflektieren und gegebenenfalls anzupassen und andererseits auch bei meinem Standpunkt zu bleiben, wenn dieser mir wichtig ist. So wie die Mutter, die, alleinerziehend, für ihre an Diabetes erkrankte Tochter kämpfte, als diese von mehreren Kindergärten aufgrund ihrer Erkrankung als „zu riskant" abgelehnt wurde. Oder wie überhaupt alle Mütter und Väter, die nach einer Trennung das eigene Leben neu sortieren und sich darauf einlassen, neue Erfahrungen zu machen und wieder liebevolle Beziehungen einzugehen.

Stark ist für mich auch *jemand, der sich selbst erkennt und schätzt, aber auch andere sein lassen kann, wie sie sind*, es z.B. nicht nötig hat, Fremdes abzuwerten, weil es das eigene Selbstbild bedrohen könnte. Das erlebe ich bei eigentlich allen der klugen, reflektierten Frauen, die bisher den Weg zu unserem Stammtisch für Allein- und Getrennterziehende gefunden haben – und ich fühle mich dadurch bereichert, gestärkt und inspiriert!

Kein Mensch kann immer stark sein

Wichtig ist mir auch, dass kein Mensch immer stark sein kann. Echte Stärke erwächst meiner Meinung nach aus der Annahme der eigenen Schwäche(n). Bin ich z.B. rechthaberisch, könnte es nur ein weiteres Zeichen meiner Schwäche sein, diesen Umstand vehement zu verneinen. Erkenne ich meine Schwäche jedoch an, kann ich mich dadurch für Alternativen öffnen. Auch diesen Entwicklungsprozess durchlaufen viele der allein- und getrennt erziehenden Frauen und Männer, mit denen ich mich in den letzten

Monaten unterhalten habe. Es tut gut, sich darin wiederzuerkennen und gestärkt zu fühlen!

Abschließend möchte ich einen meiner Studierenden des zweiten Bildungswegs zitieren, der zwar weder allein-, noch getrennt erziehend ist, aufgrund seiner Flucht aus Syrien vor drei Jahren aber die Erfahrung eines Bruches in seiner Biographie teilt. Er schrieb mir in einem Essay zur Frage „Was ist echte Stärke für dich?" folgendes:

„Echte Stärke ist für mich, wenn ich ganz bewusst und achtsam lebe. Wenn man bewusst lebt, bleibt man bei jedem Schritt in seinem Leben stark. Man kauft bewusst ein und man weiß, was man braucht, man isst bewusst und achtet auf gesunde Ernährung. Man denkt bewusst und bildet sich seine eigene Meinung und lässt sich nicht durch die Medien und andere Menschen beeinflussen. Man achtet darauf, wie man mit seinen Mitmenschen spricht, aber das ist nicht einfach. Wenn man sich die ganze Zeit mit seiner Vergangenheit beschäftigt und Angst vor der Zukunft hat, verliert man die Kontrolle über die Gegenwart. Der Schlüssel von Bewusstsein und bewusstem Leben ist Leben im Hier und Jetzt."

Zum Muttertag: „All You Need Is Love?" Süße Worte machen keine Rente

Die Werbung ist voll davon: rosa Herzen, leuchtende Kinderaugen, kleine Hände, die der heißgeliebten Mutter Selbstgebasteltes oder zumindest Selbstgekauftes entgegenstrecken. Am Muttertag wird nicht mit Lob, Blumen und Komplimenten gespart.

„Mama, du bist die Beste!"

Du schmierst im Lauf eines Kinderlebens geschätzte 4000 Pausenbrote, von denen rund die Hälfte unangerührt ihren Weg zurück nach Hause findet. Du bist für uns da, Tag und Nacht, Sommer wie Winter, wenn unsere Knie bluten und deine Bronchien rasseln. Urlaub von uns hast du nicht, willst du nicht, brauchst du nicht, oder? Du bist fast immer verfügbar für deine Brut, deinen Mann, falls vorhanden, deinen Arbeitgeber, für den Elternbeirat, die ehrenamtliche Flüchtlings-Willkommensinitiative und das Kuchenbacken beim Schul-Sommerfest. Du pflegst die Kontakte zu den Müttern und Vätern im Kindergarten, füllst Freundschafts-Alben aus, wenn wir noch gar nicht schreiben können, trägst uns unsere Turnbeutel hinterher und weißt, dass Liverpool im Champions-League-Finale steht. Du gehst wie Papa zur Arbeit, bekommst nachmittags noch Mails von deinem Chef und wirst von deiner Chefin als die „junge Mutter" im Team vorgestellt.

So viel Wertschätzung und Anerkennung!

Warum verdienst du dann in Deutschland nach der Geburt deines ersten Kind langfristig rund 60% weniger als davor?[5] Warum hält dir keiner in Teilzeit den Rücken frei und denkt zuverlässig an

---

5   Vgl. Kleven et al. „Child Penalties Across Countries", 2018.

Arzttermine, Kindergartenelternabende, den Kauf des nächstgrö-
ßeren Paar Schuhe, an den Geburtstag der besten Freundin, den
Hochzeitstag und an Omas Lieblingslikör?

Warum bist du schneller allein- oder getrennt erziehend, als du
„Piep" sagen kannst und bekommst trotz potentiell geringerem
Gehalt und, aufgrund deiner Kinder und reduzierter Arbeitszeit,
verminderter Aufstiegschancen keine im Ansatz angemessene
steuerliche Entlastung?

Warum wird deine Fürsorge, die tägliche Care-Arbeit für Kinder,
Eltern, deinen (Ehe-) Partner, zwar beschworen und blumig ge-
lobt, aber noch immer nicht ausreichend bezahlt? Gerade mal drei
Rentenpunkte[6] sammelst du pro Kind für die Zeit, in der du als
„Hausfrau" oder Teilzeitbeschäftigte und Mutter deine bezahlte
Tätigkeit reduzierst. Das macht im Monat momentan durch-
schnittlich etwa 91€ Rente zusätzlich. Wirklich große Sprünge
sind damit nicht zu machen.

Warum ist das so und du beschwerst dich dennoch (oft) nicht?

Weil Mutter sein zu dürfen tatsächlich ein riesengroßes Glück ist,
ein Geschenk ohne Verpackung, das Angebot des Lebens an dich,
jeden Tag zu lernen, über dich hinauszuwachsen, wirklich von
Herzen zu lieben – und geliebt zu werden. Weil Mutter sein in
manchen Momenten tatsächlich aus rosa Herzen, strahlenden
Kinderaugen und klebrigen Küssen besteht und du darauf nie-
mals wieder verzichten möchtest! Aber deswegen braucht dir keiner zu sagen „Seien Sie froh, Sie sind Mutter, Sie brauchen die Be-
förderungsstelle nicht, um Ihrem Leben Sinn zu geben." Oder:
„Was du privat leistest, ist einfach unbezahlbar, das ließe sich gar
nicht mit Geld aufwiegen." Oder: „Frauen sind eben belastbarer,
sonst bekämen wir Männer die Kinder." Oder: „Die Mütter in
Teilzeit: ständig Freizeit und dann ist auch noch das Kind krank!"

---

6   Vgl. Information des Sozialverbandes VdK.

Mutter sein ist ein Glück, aber von Glück allein kannst du nicht leben!

Also setzt euch ein:
- Für gesellschaftliche Anerkennung und angemessene Bezahlung von Fürsorgearbeit.
- Für Elternzeit für Frauen *und* Männer: ein Umdenken in den Köpfen von Vätern und (männlichen) Chefs: Nicht 2 Monate „Familienurlaub", nach dem das Paar in die Falle „Frau in Teilzeit, Mann als Ernährer in Vollzeit" tappt.
- Für finanzielle, steuerliche und organisatorische Unterstützung von Allein- und Getrennterziehenden.
- Für mehr Aufklärung, was die arbeitsrechtliche und finanzielle Situation von Müttern angeht.

Wie wär's mit einem #Mondayformothers analog zur Freitags-Klimademo? Wie wär's mit noch mehr Wohlwollen, Netzwerken und gegenseitiger Hilfestellung unter uns Frauen und Müttern? Wie wär's mit Anerkennung und Unterstützung für starke Frauen, die sich für die Bezahlung und gesellschaftliche Anerkennung von Care-Arbeit einsetzen, die auf die oft missliche Situation alleinerziehender Mütter (selten: Väter) hinweisen und sich politisch engagieren, um diesbezüglich Verbesserungen zu erreichen? Oder einfach für die Freundin, Nachbarin, Mutter von nebenan. Und: für euch selbst! Liebe Mütter, ihr macht einen Hammerjob! Seid stolz darauf, aber lasst euch nicht mit dem „Mutterglück" abspeisen. Mama sein ist wunderbar, aber dabei finanziell unabhängig von eurem Partner oder als Alleinerziehende für das Alter abgesichert zu sein ist die Basis dieses Glücks.

All You Need is Love? Süße Worte zahlen dir nicht deine Rente!

– DER WEG, DER WEITERGEHT –

Die Kunst, (sich selbst) zu loben

Ein ehrlich gemeintes Kompliment ist etwas Wunderbares. Weil es sichtbar macht, was an Gutem da ist. Weil es die Seele stärkt und zwischen demjenigen, der lobt und demjenigen, der das Kompliment erhält, Herzensnähe schafft: „Ich sehe dich und was ich sehe, gefällt mir!"

Eigenlob stinkt?

Dennoch fällt es vielen Erwachsenen erstaunlich schwer, andere, geschweige denn sich selbst, zu loben. „Das steigt ihr zu Kopf!", „Am Ende denkt er, ich wolle mich bei ihm anbiedern!" „Eigenlob stinkt!" So in etwa die vorgebrachten „Gründe", ein von Herzen kommendes Kompliment gar nicht erst auszusprechen. Unsere Kinder loben wir großzügig und, je jünger sie sind, mit umso größerem Enthusiasmus.
Bei uns selbst sind wir da knausriger: Wann haben wir Erwachsenen und speziell wir allein- und getrennt erziehenden Mütter uns das letzte Mal gelobt? Und ich meine nicht ein geseufztes: „Ist ja gerade nochmal gut gegangen!" oder ein halbherziges „So schlecht war der Tag heute ja gar nicht." Ich meine die Art Lob, die das Herz weit macht, ein Lächeln ins Gesicht zaubert und bewirkt, dass du dich leicht, dankbar und schlicht glücklich fühlst. Hast du ein Kompliment dieser Art in der letzten Zeit erhalten? *Von dir selbst?*

Autonomie und Selbstliebe

Eine kluge Frau brachte mich kürzlich darauf, dass diese Art des Lobens viel mit (innerer) Autonomie zu tun hat: Nur wenn ich „wer bin", kann ich auch stolz auf mich sein. Kinder loben wir instinktiv für ihre Schritte in Richtung Autonomie: zunehmende

Körperbeherrschung, das erste selbst gesprochene und später selbst geschriebene Wort, ihr wachsendes Selbstbewusstsein und das aufkommende Bewusstsein für die Gefühle und Bedürfnisse anderer.

Als Erwachsene schreiben wir uns gemeinhin einen nicht geringen Grad an Autonomie zu: uns sagt meist keiner mehr, was wir anziehen, essen, wie wir leben oder wen wir als Partnerin oder Partner wählen sollen. Begeben wir uns in Abhängigkeit, dann doch scheinbar „aus freien Stücken". Wir wählen Wohnort, Lebensstil, Partnerin oder Partner, unseren Glauben oder die politische Richtung, die wir befürworten, selbständig und (relativ) frei.

Dennoch verstehe ich echte Autonomie vor allem als innere Unabhängigkeit. Und die entsteht meiner Meinung nach dadurch, dass ich zunehmend annehme, was eben ist, an mir genauso wie an den Menschen, mit denen ich lebe. Je mehr ich das tue, umso mehr Raum gewinne ich: für Leichtigkeit, für ein tragendes Gefühl von Selbstliebe und einen tief gehenden, von Dankbarkeit durchzogenen Stolz auf das, was ich kann, wer ich bin und was ich für mich und andere tue.

Eben ein von Herzen kommendes: „Gut gemacht!" Von mir, für mich selbst. Ein solches „Gut gemacht!" wünsche ich auch dir – von dir und für dich selbst.

„Wünsch dir was!" Die Kraft der Herzenswünsche

„Alles Gute für das neue Jahr!", „Guten Rutsch!" Der Jahreswechsel ist eine Zeit der Wünsche und Segenssprüche, selbst unter uns eher prosaisch veranlagten Deutschen. Bereits in der Vorweihnachts- und Weihnachtszeit klingeln uns die Ohren vor gut gemeinten Beschwörungen: „Frohes Fest!", „Besinnliche Feiertage!". Kurz nach Neujahr weiß dann jeder, ob die Wohlmeinenden erhört wurden und die Feiertage tatsächlich fröhlich und entspannt verlaufen sind.

Mit der Tradition des Wünschens dringt ein geradezu archaischer Zauber in unseren Alltag. Wir sehen eine Sternschnuppe – am hell erleuchteten Stadthimmel tatsächlich ein seltenes Geschenk – und wünschen uns still etwas. Wir entdecken eine Wimper auf der Wange unseres Liebsten, streichen sie sanft mit dem Finger ab und flüstern dabei: „Möge dein Wunsch in Erfüllung gehen!" Wir schreiben erkrankten Freunden „Gute Besserung!" und wünschen vor (Lebens-) Prüfungen „Viel Erfolg!" Manches davon bleibt Floskel, dahingesagt, wenn auch gut gemeint. Manchmal aber werden unsere Wünsche zur dringenden Bitte und es stellt sich die Frage, an wen wir sie dann richten: an eine „höhere Macht", „das Schicksal", „Gott" oder letztlich an uns selbst?

Der Sinn des Wünschens

Was ist nun der Sinn all dieser Wünsche und Segenssprüche, die wir täglich laut oder auch nur in Gedanken formulieren? Geht es darum, dass wir Halt finden in einer Welt, die uns zuweilen halt- und ratlos zurücklässt? Vielleicht waren Wünsche und Segenssprüche deswegen in früheren Zeiten so verbreitet. Je unberechenbarer die Welt, desto stärker die Sehnsucht nach einer Instanz, die das Chaos lenken sollte und an welche die Wünsche gerichtet wurden. „Führe uns nicht in Versuchung", „Erlöse uns von dem Bösen" – vom Wunsch zum Gebet ist es nicht weit.

Heute, in atheistischeren Zeiten, suchen viele Menschen ihren Halt an ganz anderer Stelle: in der stetig Wünsche produzierenden Warenwelt. „Wenn ich erst das neue Haus, das Auto oder den Urlaub auf Florida besitze, werde ich glücklich sein." Nicht umsonst schreiben schon Kinder ganze Spielzeugsammlungen auf ihre Weihnachtswunschzettel. Für mich persönlich hat dieses Wollen, das auf äußere Befriedigung ausgerichtet ist, nichts mit echtem Wünschen zu tun. Ein Herzenswunsch macht mich nicht fordernd, sondern demütig.

„Nicht müde werden / sondern dem Wunder / leise / wie einem Vogel / die Hand hinhalten."

So beschreibt die im 3. Reich aus Deutschland vertriebene Autorin Hilde Domin ihre Sehnsucht. Ihre Worte drücken für mich die wahre Kraft des Wünschens aus: Ein Herzenswunsch ist kein „Wollen" und keine Forderung nach immer mehr. Vielmehr öffne ich mich durch ihn dem Leben selbst und allem, was es mir schenken mag.

Wenn ich schwer krank bin und mir Gesundheit wünsche, liegt das nur bedingt in meiner Hand. Ich kann aber wünschen, bitten oder beten, dass ich mich bald besser fühlen werde. Und selbst wenn es nicht so sein sollte, werde ich das Leben besser ertragen können, wenn ich mich ihm mit Demut anvertraue. Ähnlich „unwünschbare" Bereiche des Lebens sind meiner Meinung nach die große Liebe, für manche Paare der gemeinsame Kinderwunsch oder schlicht Zufriedenheit. Vielleicht ist gar nicht, was ich mir wünsche, das eigentliche Wunder, sondern das Vertrauen, das in mir wächst, während ich die Hand hinhalte: *Ich greife nicht nach dem Wunder, ich öffne ihm die Hand.*

In diesem Sinn wünsche ich dir, dass du deinen Herzenswünschen den Raum in dir gibst, sie nicht durch dein Wollen beschwerst und die Freiheit findest, dich dem Leben selbst anzuvertrauen.

Geduld: Wie sie uns hilft, unsere Ziele zu erreichen

Tempo, Tempo! Unsere Welt zelebriert die Geschwindigkeit. Wir bewegen im Netz gigantische Datenmengen, beantworten unsere Mails innerhalb weniger Stunden und werden nervös, wenn unsere Freunde nicht umgehend zurückrufen, obwohl sie unsere Nachricht bekommen haben.

Geduldigsein ist unbeliebt

„Gedulde dich!" Das hören wir nicht gern. Wir möchten über unsere Zeit frei verfügen, möchten auch bei Entscheidungsprozessen möglichst sofort eine Lösung erhalten. Nicht umsonst gibt es in vielen Behörden Wartemarken, anhand derer wir uns orientieren können, wann wir an der Reihe sind: sie strukturieren die Zeit, die wir wartend verbringen und erleichtern es uns somit, geduldig zu sein.

Aber was tun wir in Situationen, die uns Geduld ohne Wartemarke abverlangen? In denen wir zum Teil noch nicht einmal wissen, ob wir das Ziel, das uns vorschwebt, irgendwann erreichen? Wie gehen wir mit Prozessen um, deren Tempo wir nicht beschleunigen, die wir noch nicht einmal aktiv steuern können?

Geduld ohne klares Ziel

Gerade Entscheidungsprozesse fordern oft, dass wir auf ihr Ergebnis warten können: Egal, ob wir über eine berufliche Veränderung nachdenken, über einen Wohnortswechsel oder über Dinge, die wir in unseren privaten Beziehungen ändern wollen, *schnell geht da meist nichts*.

Oft steht uns zunächst nicht mehr zur Verfügung als die Wahrnehmung: „Hier stimmt etwas nicht". Aber damit spüren wir häufig noch keinen eindeutigen Impuls in eine andere Richtung.

Je nach Temperament neigen wir dazu, das ursprüngliche Unbehagen zu negieren und zu versuchen, „alles beim Alten" zu lassen, oder aber wir verfallen in hektischen Aktionismus: irgendwas müssen wir doch tun, die aktuelle Situation ist jedenfalls unerträglich.

Bewegung braucht ein Ziel

Aber wohin bewegen, wenn das Ziel noch gar nicht klar ist? Gerade große, weitreichende Entscheidungen fallen uns ja nicht umsonst oft schwer. Zum Teil liegt das schlicht daran, dass wir eben nicht wie Maschinen funktionieren. Unser Leben ist keine rationale Gewichtung von Für und Wider, auch wenn wir uns das mit entsprechenden Listen zuweilen suggerieren. Soll ich mir eine andere Arbeit suchen? Und falls ja, welche? Da streiten sich häufig nicht nur Sicherheitsbedürfnisse mit dem Bedürfnis nach mehr Anregung oder weniger Konflikten, je nachdem, womit wir in unserem aktuellen Beruf unzufrieden sind; darüber hinaus sind wir mit der Frage konfrontiert: „Was ist eine echte Alternative?" Welche Talente habe ich und kann ich diese in einer Weise praktisch nutzen, so dass ich in absehbarer Zeit mein Leben davon finanzieren kann? Wie sieht es mit so handfesten Dingen wie Krankenversicherung und Altersvorsorge aus, wenn ich mich beruflich neu orientiere?

Im privaten Bereich fühlt sich das oft noch essentieller an. Den Sprung in eine neue Partnerschaft wagen oder innerhalb einer bestehenden Partnerschaft ganz neue Wege versuchen? Was, wenn ich mich hier „falsch" entscheide?

Im schlimmsten Fall merke ich meinen Irrtum erst, wenn ich Menschen unwiderruflich verletzt und wichtige Brücken abgebrochen habe?

Entscheidungen sind korrigierbar

Abgesehen davon, dass jede Veränderung auch immer nur *ein* Punkt einer langen Kette von Entwicklungen ist und sich fast keine Entscheidung nicht auch wieder revidieren ließe, besteht eben die Crux aller wichtigen Entscheidungen darin, dass ich erst einmal innerlich Klarheit gefunden haben muss, um meine Ziele im Außen verfolgen zu können.

Also habe ich, neben der irrationalen Angst, mein Leben mit einer Entscheidung unumkehrbar in eine falsche Richtung zu lenken, die ganz reale Aufgabe, mir überhaupt erst über meine Wünsche und Ziele klar zu werden.

Und genau hier kommt die Geduld ins Spiel. Denn versuche ich, diesen Klärungsprozess zu beschleunigen oder gar, ihn durch Aktionismus zu umgehen, erlebe ich allzu oft wenig später, dass schon wieder alles „stockt", dass ich noch immer mit Dingen unzufrieden bin, die ich eigentlich lösen wollte. Oder umgekehrt, dass mich allzu schnell der Mut verlässt, eben weil ich innerlich noch nicht sicher genug bin, dass der eingeschlagene Weg wirklich der richtige ist.

Was ich durch Hefekuchen lernte

Mit etwa 12 Jahren backte ich als eine Art Hobby regelmäßig sonntags für meine Familie Hefegebäck. Mein ganzer Stolz war, dass mir der Teig wunderbar luftig gelang. Entsprechend sorgfältig mischte ich das Milch-Mehl-Hefegemisch und ließ es an einem warmen Ort ruhen, war ich mir doch bewusst, dass gerade diese

Ruhezeiten den Teig schließlich „aufgehen" und sich zu seiner vollen Pracht entwickeln ließen.

Ein bisschen – man verzeihe mir das „Küchenlatein" – ist es mit wirklich großen, weitreichenden Entscheidungen wie mit diesem Hefeteig. Wir müssen die Zutaten mischen: uns Informationen beschaffen, welche Möglichkeiten uns zu Verfügung stehen, uns über rechtliche und finanzielle Konsequenzen beraten lassen, Dinge im Kleinen ausprobieren, mit guten Freunden oder professionellen Ratgebern über unsere Hoffnungen und Befürchtungen sprechen. Aber bevor wir handeln, ist oft ein „Gärungsprozess" erforderlich. All die Informationen, die wir über Wochen, Monate, manchmal sogar Jahre, gesammelt haben, müssen sich setzen und sortieren. Die dabei wahrnehmbare äußere Untätigkeit ist in diesem Zusammenhang nicht zu verwechseln mit Stillstand, denn innerlich spielen sich gewaltige Umwälzungsprozesse ab.

Nicht umsonst weist der Bremer Hirnforscher Gerhard Roth darauf hin, dass Stress – und darunter fällt auch (gefühlter) Zeitdruck bei Entscheidungen – ein wesentlicher Faktor ist, der uns während des Entscheidens blockiert.[7]
Lassen wir die Informationen eine Weile „ruhen" und unterbrechen damit (scheinbar) den aktiven Entscheidungsprozess, können sich diese neu sortieren und eines Morgens wachen wir tatsächlich auf und spüren in aller Deutlichkeit: „Hier geht's lang!"

Das ist der Moment, in dem wir vom Planen zum Handeln kommen – und unsere Ziele Wirklichkeit werden lassen.

---

7   Zitiert nach Knauß, Ferdinand: „Wer sich nicht entscheiden kann, sollte schlafen gehen", Wirtschaftswoche Online, 31.01.2014.

Ein Lob der Langsamkeit

„Wenn du es eilig hast, geh langsam. Wenn du es noch eiliger hast, mach einen Umweg."

Der erste Teil dieses japanischen Sprichworts begleitet mich seit Jahren. Ganz zu Beginn meines Berufslebens, als ich als junge Lehrerin wieder einmal im Eiltempo die Treppen zu einer meiner Klassen hinaufhetzte, beobachtete ich eine ältere Kollegin, die wie ich auf dem Weg in den 3. Stock war. Allerdings ließ sie sich scheinbar alle Zeit der Welt, um die drei Treppenabsätze zu erklimmen. Ihre Bewegungen erinnerten mich in ihrer Zurückgenommenheit und ruhigen Konzentration an die Kaltblüter, die ich des öfteren im Zoo beobachtet hatte: Leguane, Warane oder auch die mächtigen Alligatoren bewegten sich mit ähnlich verhaltener Kraft und klar dosierter Energie.

Jahre später, als wir uns bereits gut kannten, habe ich meiner Kollegin erzählt, dass sie für mich in diesem Moment ein Vorbild gewesen sei. Sie fand das wohl amüsant und freute sich auch über das Kompliment, aber ihr wurde sicher nicht bewusst, welche Tragweite die Beobachtung für mich in den Jahren danach gehabt hatte – weit über den beruflichen Rahmen hinaus.

Kennenlernen im ICE-Tempo

Gerade in privaten Beziehungen, in Freundschaften und auch in beginnenden Partnerschaften, hatte ich die Tendenz, mich „Feuer und Flamme" in das Miteinander mit einem noch fremden Menschen zu stürzen und leider oft nach einiger Zeit die Erkenntnis zu gewinnen, dass sich diese neuen Bekannten als wenig „passend" herausstellten.

Eine neue Partnerschaft eingehen

Nach der Trennung vom Vater meines Sohnes hatte ich das Glück, von mehreren Männern Interesse signalisiert zu bekommen, jeder auf seine Art interessant und auch attraktiv. Für mich waren diese Begegnungen ein Weg zurück zu der Lebensfreude in mir, die davor über Monate durch Streit und Spannungen innerhalb meiner Partnerschaft überlagert gewesen war.

Ich genoss also den Kontakt zu diesen so unterschiedlichen Männern, von denen zwei durchaus auch mein Interesse weckten. Dabei bewahrheitete sich meine zu Beginn dieses Artikels beschriebene Wahrnehmung: je schneller ich sein wollte, je weiter ich mich in Richtung einer möglichen neuen Partnerschaft bewegen wollte, umso langsamer musste ich das tun. Ich merkte es im Raum der körperlichen Berührungen ebenso wie im Bereich der seelischen: alles, was zu schnell, zu fordernd, zu intensiv war – von meiner Seite wie von der Seite des anderen – brachte den subtilen Fluss der wechselseitigen Annäherung ins Stocken.

Ambivalenz und Freiheit

Daher möchte ich an dieser Stelle für die Freiheit plädieren, genau das Tempo zu wählen, das dir entspricht. Gerade dort, wo ein innerer Teil drängt: „Voraus, voraus! Nur direkt auf das Ziel, z. B. eine neue Partnerschaft, zu!" Ich möchte betonen, welche Qualität es hat, sich Zeit zu lassen in Zeiten, in denen es ohnehin oft schnell gehen soll, in denen Abwarten und In-sich-Horchen leicht als Passivität missdeutet wird.

Ambivalenz, ein anderer Aspekt des menschlichen Seins, den ich früher gefürchtet habe und allmählich anzunehmen beginne, ist ja oft zu Beginn eines neuen Kennenlernens spürbar in Form von Unsicherheit und Freude, von Anziehung und Irritation, von Verliebtheit und auch der Furcht vor Zurückweisung. Und gerade diese Ambivalenz mag mich blockieren, wenn ich „schnell" machen möchte. Denn wohin eilen, wenn es mich in zwei Richtungen zieht?

Erlaube ich mir jedoch die Langsamkeit, genau diese gegensätzlichen Gefühle zu spüren und schlicht da sein zu lassen, wird sich Bewegung aller Wahrscheinlichkeit nach ganz von selbst ergeben. In die eine Richtung oder in die andere. Vielleicht nicht in die, die ich oder der andere gerne hätte.

Aber Anziehung und Zuneigung, aufkommendes Vertrauen und tiefe Bindung ist für mich sowieso nichts, was ich rein willentlich steuern kann. Ich kann mich dafür öffnen. Ich kann selbst anziehend, zuneigungsvoll und bereit zu Bindung sein, aber was sich daraus ergibt, ist dann doch immer durch das Zusammenspiel zweier Menschen bedingt.

Gehe ich somit gerade dort schnell, wo ich mir am meisten „Fortschritt" wünsche, überhöre ich vielleicht die kleinen Signale, die mir selbst und auch dem anderen deutlich machen: nimm wahr, prüfe, was stimmig ist, bevor du dich wieder bindest. Denn was im „Schnelldurchlauf" beginnt, endet nur allzu leicht ähnlich schnell, aber dann schon „mittendrin" in einer neuen Partnerschaft, und dadurch auch leicht mit dem Schmerz verbunden, trennen zu müssen, was sich zum Teil schon neu vereint hat.

In diesem Sinn: „Wenn du es eilig hast, geh langsam – auch auf eine neue Beziehung zu!"

Mit dem Kopf durch die Wand? Wie gehe ich mit Dingen um, die ich nicht ändern kann?

Eine Freundin von mir ist eine echte Powerfrau: „Geht nicht gibt's nicht", könnte ihr Lebensmotto lauten. Von ihrem äußerlich eher ruhigen und zurückhaltendem Auftreten sollte man sich nicht irreführen lassen: was sie erreichen möchte, erreicht sie meist auch, mit Feingefühl, Diplomatie und Beharrlichkeit. Über die Jahre hat dieser Umstand ihr Selbstbild geprägt: „Wenn ich etwas wirklich will, dann gelingt es mir auch", ist ihr durchaus hilfreicher Glaubenssatz.

Wie gehe ich mit Dingen um, die ich nicht ändern kann?

Was aber, wenn ich mit Dingen konfrontiert werde, die ich nicht ändern kann? Wie positioniere ich mich gegenüber einer Einstellung oder einem Verhalten, das mir völlig gegen den Strich geht? Wie gehe ich mit einer Erkrankung und körperlichen oder seelischen Beeinträchtigung um, mit dem Verlust meines Arbeitsplatzes oder eines mir nahe stehenden Menschen?

„Nimm es an", ist leicht gesagt. Denn gerade dieses Annehmen fällt uns oft extrem schwer. Etwas in uns fühlt sich ja essentiell bedroht oder in Frage gestellt durch die Situation, in der wir uns befinden. Was ich erlebe, ist ein Desaster für mich – und dieses Unglück soll ich auch noch annehmen?

Was helfen kann: Nimm es an, aber gib es auch wieder ab.

Vermutlich muss ich also erst einmal die Gefühle wahrnehmen, die beim Entgegennehmen dieses „Pakets" in mir aufkommen: Abwehr, Befremden, Furcht, Trauer oder Wut: sie sind da, sie sind real. Also weine ich und fluche, schimpfe und klage bei Freunden, im Gebet oder in meinem Tagebuch oder schwimme zwanzig Bahnen, um den Schmerz und die Verkrampfung in meinem Körper loszuwerden. Dabei gelingen mir drei Dinge:

Ich nehme meine Gefühle wahr.
Ich akzeptiere sie als gegeben.
Ich lasse sie durch mich fließen und gebe sie wieder ab.

Erst dann kann ich auch loslassen, was Auslöser dieser Gefühle war und schauen, warum mir das Leben Unglück geschenkt hat und was es mir damit zeigen will.

Der Sinn des unwillkommenen „Geschenks"

Meine Freundin hat klar verinnerlicht, die Kontrolle über ihr Leben zu haben und letztlich fast alles, was ihr widerfährt, beeinflussen zu können. Durch das Unglück, das ihr widerfährt, darf sie erleben, dass sie nicht alles kontrollieren kann. Durchlebt sie die Situation in der Weise, dass sie ihre Gefühle wahrnimmt und durch sich fließen lässt, eröffnet sich ihr die Möglichkeit, mit ruhigerem Gemüt den Sinn des unwillkommenen „Geschenks" zu erkennen.

Eine Situation oder das Handeln eines anderen nicht beherrschen zu können fühlt sich bedrohlich, entmutigend, irritierend oder abstoßend an. Und genau das ist der Sinn des Ganzen: *Ich lerne genau damit umzugehen.*

Der Blick auf mein Unglück konfrontiert mich mit meinen eigenen Empfindungen. So kann ich z. B. lernen, dass ich an mir zu zweifeln beginne, wenn mir jemand von außen keine Bestätigung gibt. Oder dass ich Angst habe, einen Menschen zu verlieren, wenn er sich nicht regelmäßig bei mir meldet. Dass ich vielleicht nicht daran glaube, wirklich für mich einstehen zu dürfen und mich somit bedroht fühle, wenn ein anderer mir meinen Raum streitig macht. Ich kann auch lernen, dass ich Angst davor habe, mich selbst zu genau wahrzunehmen, oder erkennen, dass ich andere beeinflussen möchte, um mir meinen Wert und meine Wirksamkeit zu glauben.

All diese unangenehmen Wahrheiten will ich vielleicht gar nicht sehen. Es ist womöglich einfacher, gegen das Elend außen zu kämpfen als mein Unglück innen wahrzunehmen. Entwickle ich jedoch die Bereitschaft genau hinzuschauen, zeigt sich mir das wirkliche Geschenk: Ich kann nicht nur aufhören, gegen das äußere Elend anzukämpfen, sondern endlich auch beginnen, mich um das zu kümmern, was wirklich wichtig ist: mein inneres Unglück, das mich mit solcher Empörung und Abwehr, mit solchem Schmerz und Befremden auf meine äußere Situation reagieren lässt.

Mist wird nicht plötzlich zu Gold

Mist wird nicht plötzlich zu Gold, wenn ich begreife, was er innerlich in mir „anrührt". Das Verhalten anderer und meine Lebensumstände können objektiv belastend sein. Meine innere Reflexion soll mich auch nicht daran hindern, im Äußeren Dinge zu verändern.

Kann ich an einer Situation aber tatsächlich nichts ändern, ist sie wohl das „Geschenk", das ich nie wollte und weist mir den Weg, mich besser zu verstehen und anzunehmen, bzw. die Verletzungen in mir, auf die sie mich hinweist, zu heilen.
Und damit habe ich die Antwort: Wie gehe ich mit Dingen um, die ich nicht ändern kann?

Ich nehme sie als Geschenk.

Ich danke dir!

Herzlichen Dank für dein Mitlesen und Mitdenken.

Vielleicht hat dich der ein oder andere meiner Texte berührt und klingt noch in dir nach. Das freut mich!
Vielleicht hast du Fragen, die du mir stellen möchtest, oder Gedanken, die du mit mir teilen möchtest. In dem Fall kannst du mich ganz einfach auf meinem Blog besuchen und dich mit mir über meine Mail-Adresse **kontakt@mutter-und-sohn.blog** in Verbindung setzen. Ich freue mich sehr auf den Austausch mit dir.

An dieser Stelle möchte ich auch den Menschen danken, die mich in den letzten drei Jahren begleitet haben. Zuallererst meinem Sohn und seinem Vater, meiner Mutter, meiner Schwester und Familie und meinen besten Freundinnen. Ihr habt mich unterstützt und getragen, herausgefordert sowie manchmal zum Weinen und oft zum Lachen gebracht. Ich danke euch für eure Begleitung und dass ich mit euch wachsen durfte!

Meinem Blog habe ich den Satz vorangestellt:

Das Leben ist voller Freude, wenn du dich mit ihm bewegst – sperrig und anstrengend, wenn du dich ihm entgegen stemmst.

In diesem Sinn: Sei dankbar für die Dinge, die dir gegeben sind, vertraue darauf, dass du auf deinem ganz persönlichen Weg getragen wirst und gehe mit dem, was das Leben von dir fordert.

Herzlich alles Gute dafür!

(März 2020)

Literaturverzeichnis

1) Mingels, Guido: „Wenn ein Brand die Existenz vernichtet", Spiegel.de (24.08.2018), URL: https://www.spiegel.de/wirtschaft/kalifornien-wenn-ein-waldbrand-die-existenz-vernichtet-a-00000000-0002-0001-0000-000159070538 (19.02.2020).

2) Willems, Jos et al.: Als Paar getrennt, als Eltern zusammen – Wie eine gemeinsame Erziehung nach der Trennung gelingt, Patmos-Verlag, 2015.

3) Veenhoven, Ruth: „Ist Glück relativ? Überlegungen zu Glück, Stimmung und Zufriedenheit aus Psychologischer Sicht", 1991, URL: https://www.researchgate.net/publication/254758613_Ist_Gluck_relativ_Uberlegungen_zu_Gluck_Stimmung_und_Zufriedenheit_aus_Psychologischer_Sicht (19.02.2020).

4) Watzlawick, Paul: Wie wirklich ist die Wirklichkeit, Piper. 1978.

5) Kleven et al.: „Child Penalities Across Countries", 2018, URL: https://www.henrikkleven.com/uploads/3/7/3/1/37310663/klevenetal_aea-pp_2019.pdf (19.02.2020).

6) Information des Sozialverbandes VdK, URL: https://www.vdk.de/deutschland/pages/rente/74612/muetterrente_rente_kinder_anspruch?dscc=essenc (19.02.2020).

7) Knauß, Ferdinand: „Wer sich nicht entscheiden kann, sollte schlafen gehen", Wirtschaftswoche Online, 31.01.2014, URL: https://www.wiwo.de/erfolg/trends/hirnforscher-gerhard-roth-wer-sich-nicht-entscheiden-kann-sollte-schlafen-gehen/9415864.html (19.02.2020).

Lese-Empfehlungen

Verarbeitung von Trauer und Verlust:

Verena Kast: Sich einlassen und loslassen. Neue Lebensmöglichkeiten nach Trauer und Verlust. Herder, 2009.

Robin Norwood: Warum gerade ich? Ein Ratgeber für die schwierigsten Situation des Lebens. Rowohlt Taschenbuch, 1996.

Heike Reuther: „Stärker als je zuvor...". Wie das Leben ohne Partner weitergeht. Ullstein, 2006.

Persönlichkeitsentwicklung:

Jorge Bucay: Komm, ich erzähl dir eine Geschichte. Fischer Taschenbuch, 2007.

Jorge Bucay: Wer bin ich? Wohin gehe ich? Und mit wem? Fischer Taschenbuch, 2013.

Russ Harris: Wer dem Glück hinterherrennt, läuft daran vorbei. Ein Umdenkbuch. Goldmann, 2013.

Eckart Tolle. Jetzt! Die Kraft der Gegenwart. J. Kamphausen, 2000.

Matthias Wengenroth: Das Leben annehmen. So hilft die Akzeptanz- und Commitmenttherapie (ACT). Huber, 2013.

Liebe und Partnerschaft:

Gary Chapman: Die fünf Sprachen der Liebe. Wie Kommunikation in der Ehe gelingt. Francke, 2014.

Marshall. B. Rosenberg. Konflikte lösen durch Gewaltfreie Kommunikation. Ein Gespräch mit Gabriele Seils. Herder, 2011.

Christian Thiel: Was glückliche Paare richtig machen. Die wichtigsten Rezepte einer erfüllten Partnerschaft. Campus, 2012.

John Welwood: Vollkommene Liebe und wie sie vielleicht sogar in einer Beziehung gefunden werden kann. Arbor, 2012.

Alleinerziehend Sein:

Bernadette Conrad: Die kleinste Familie der Welt. Vom spannenden Leben allein mit Kind. Btb Verlag, 2016.

Alexandra Widmer: Stark und alleinerziehend. Wie du der Erschöpfung entkommst und mutig neue Wege gehst. Kösel, 2016.

Silke Wildner: Gut leben als Alleinerziehende. Schritt für Schritt Anleitung in dein selbstbestimmtes Leben. BoD Norderstedt, 2019.

Katja Zimmermann: Esst euer Eis auf, sonst gibt's keine Pommes. Meine Abenteuer als Alleinerziehende. Ullstein, 2017.

Folge mutter-und-sohn.blog:

Blog: https://mutter-und-sohn.blog
Facebook: https://m.facebook.com/mutterundsohnblog
Twitter: https://twitter.com/mama_schreibt

„Wir sehen die Dinge nicht, wie sie sind
– wir sehen sie so, wie wir sind."

Anaïs Nin